请神的游戏

中国福州龙舟的传统与禁忌

海峡出版发行集团
THE STRAITS PUBLISHING & DISTRIBUTING GROUP
福建人民出版社
FUJIAN PEOPLE'S PUBLISHING HOUSE

巴晓光　著

序

我第一次在福州的闹市见到游神，大概是二十多年前的事了。那时我租住在斗池的一栋筒子楼里，对这座城市好巫尚鬼的一面一无所知。那天傍晚，天边有玫瑰色的火烧云，这座城市在那个年代还没有如今这么铺张的灯火，斗池路狭窄的街道慢慢被勾勒出黑色的线条。然后，在建筑的暗影与天边残存的明亮之间，一支游神的队伍渐渐现出踪迹。

那是一支肃穆的队伍，先是两只巨大的灯笼，上面写着"九案泰山""水路兵马大都督""斗池总社"的大字，后面跟着"回避""肃静"的牌子，然后是彩旗、锣鼓，接下来是胸口有个大洞，高度异乎寻常的神偶，我后来知道那叫"塔骨"。我人生第一次见到如此魔幻的场景，黑白无常、七爷八爷，还有坐在神案上被大汉抬着的温康二神神像，与我擦肩而过。他们的衣带拂过我的脸颊，我能闻到他们身上香火的气味。街道很窄，人们纷纷避让。两边店铺里正在争执的店主和顾客，刚刚还在抱怨路人的环卫工，都停了下来，面向这支游神的队伍行礼。时间在天色彻底堕入黑暗之前的那一刻，被凝固在我的记忆里。

随后的二十多年里，我每年都在这座城市的各个角落里遇见过游神的队伍，他们可能是五灵公、尚书公那样显赫的神灵，也可能是不知名的"将军"或"大王"。在旧城改造进程最炽烈的这些年，在福州市中心最繁华的地段，近乎奇迹般地保留了充满野性的蓬勃的乡土信仰，这让我十分着迷。与那些关于这个时代的宏大叙事相比，这是一个真正的"民间"。

当代文学批评家陈思和认为："民间总是以低调的姿态接纳国家意志对它的统治、渗透和改造，同时它又总是从漫长岁月的劳动传统之中继承并滋生出抗衡和消解苦难、追求自由自在的理想的文化品格。"我始终认为，要想了解一座城市，我们必然要了解这种"民间"，必然要走进这种"民间"。四年前，我走进了一个此前完全陌生的"民间"——龙舟的世界。在城市化浪潮不可遏制地吞噬古老的宗族、信俗之时，龙舟成为一个载体，人们把不愿割舍的关于神灵的信仰、谱系的传续、境社的礼法投注其中，让龙舟成为这座城市的、一个关于"民间"的样本。

巴晓光

大樟溪 — 淘江 — 螺江 — 马江 — 长乐 — 连江

福州龙舟俱乐部地图　335

杂闻

掌故／异闻／杂记

龙舟故事连环画　369

信俗

龙舟与宗族社会／龙舟与男丁追崇／龙舟与神灵信仰

福州民间信仰神明画像　395

后　记

目　录

1

溯源

龙舟人物

缘起／考古／传说／诗歌／口述

75

造舟

龙舟词典

形制／仪式／花色／工艺／变迁

169

竞渡

水域／沿革／信俗／传承／现状

西湖｜白马河｜琼东河｜北港｜光明港｜溪源江｜

缘　考　传　诗　口
起　古　说　歌　述

一

在整本书开始之前，我想先描述一下我这个北地人是如何跟龙舟结缘的。这种突如其来、有些宿命的相识，奠定了本书的情感基础。

定居福州二十余年，第一次对龙舟有实感，是朋友公司的员工在端午节之前要请假半个月，回村里参加训练准备比赛，而朋友居然批准了。在北方长大的我真是觉得不可思议。

后来认识了林叶。他是闽侯上街六桥林氏，先祖林硕德公唐末随王审知入闽，开枝散叶，谱牒清明有序。从前，林氏一族的男丁少时均习武，村族间口角械斗，不会武是要受人欺负的。但这规矩在林叶小时候已经没有了。他曾向往侠义血性的江湖气，但彼时，江湖已经不在。后来，因为一个偶然的机会，林叶闯入龙舟的江湖，在世风日渐柔靡之际，他却意外地感到自己找回了那份血性。

　　林叶是个纪录片导演，那年在左海公园拍片，看到一张启事，上面写着西湖龙舟俱乐部诚招队员，体重八十公斤以下，游泳能游两百米即可报名，下面还留了电话。作为闽侯人，林叶也是在传统龙舟的氛围里浸染长大的。他很客气地打电话过去，说自己刚好符合条件。就此，林叶成为西湖龙舟队的一员。

　　每周在西湖训练，同队的都是膀大腰圆的汉子，声若洪钟，言辞粗鄙却坦诚有趣。这里，没人在意你读过多少书或高低贵贱，只要你够力气，挥的每一板桨都在点上，让自己队的龙舟跑得最快。这里更像是林叶想象中的江湖，他觉得舒适写意。

　　我被他描述的这种感觉吸引了。那年九月，第一次去龙舟队的路上，我问林叶，我要注意点什么啊？林叶说，你话太多，进队少说话，别人跟你说什么你就回"是是是"，听不懂的就"呵呵呵"。

　　我们从西洪路拐进湖头街，这里我挺熟，但没看过有龙舟队啊，正想着，林叶闪身转进一条巷子，后营后巷。局促的巷子里是未拆迁的老社区，避过头上长短不一的晒衣竿，趴在路中间打盹的大黄狗，噼里啪啦人声鼎沸的麻将馆，一路行到底，是一座小小的庙，一间供着齐天大圣，另一间供着大梦山墨池殿言真人，两间当中有一架窄窄的楼梯，上去就是龙舟队了。

推门进去，一时间竟有点晕。九月天气正热，屋里人人打着赤膊，我第一次知道划龙舟的身材特色之一是胸大，当时我的感觉就像是进了一个丰胸培训班。

那天我见了很多人，不停地"是是是"和"呵呵呵"。这是一个我从未交往过的群体，莽撞、粗糙、混乱，却充满血性。这种血性在以后的文字中会常常被提及，它构建了龙舟真实的肌体和血脉。虽然，有时这种血性也会失序：清朝中叶，大樟溪上，瓜山村与垚沙（今已改为尧沙，但当地人更愿意用旧称）村的两支龙舟队发生了激烈争执，互相指责对方违反规则，最终演变成水上斗殴，导致龙舟倾覆，十八名队员遭遇不幸。从此以后，为了让本乡青年谨记教训，瓜山村再也不划龙舟了。但不论如何，这种危险又迷人的血性深深地吸引了我。

那天我领到了平生第一把属于自己的桨。晚上七点半，大家锁门出发。沿着后营后巷走出来，过马路，我们的船就停在湖滨小学对面的湖边，两条国标（国际标准）"大龙"，一条国标"小龙"，跟我在电视上看到的一样，窄窄的，那么长，船身绘着美丽的龙鳞纹，在夜色里静静卧在湖面上。

我曾多少次路过这里啊，却为什么从来没看见过水里有龙舟呢？这于我好像是一个新世界，但其实这世界早已存在着。

龙舟船身很窄，我晃晃悠悠地上了船，一个趔趄差点栽进水里，两三只手臂从四面八方伸过来，牢牢地架住了我。十八米长的龙舟像一条潜行的巨龙无声地破开水面，三桨过后，船上汉子们的号子声响起来，初时二三人，随后众声加入，渐渐分出了声部，相互应和。龙舟疾驰，穿过迎仙桥，水面豁然开朗，略转一个弯，湖上巨大的彩色喷泉赫然出现。偌大的湖面上只有我们一条龙舟，在众人的号子里如劲风般快起来，迅速接近并穿越喷泉十几米高的水柱激起的漫天水雾。那场景深深震撼了我。

划完三圈，收了桨，悬停湖心，天地高阔，把脚浸在湖水里，抬头望见那晚的圆月，龙舟在水上慢慢漂着，一时无话，风里不知是什么花的香气。我喜欢这样的景致。这景致我在清代道光举人魏秀仁的《台江竹枝词》中读到过：

高烧红烛唱珑玲，白马桥边驻足听。

曲罢短筳人不见，满江星火一天星。

西湖受纳西北诸山溪之水，经水闸出湖南流，即为白马河，说来诗人驻足之处与西湖也相去不远。喧闹过后，天地静寂，让人肃穆而顿生幽思，古今皆同。

训练后的西湖龙舟队队员聚在湖滨小学对面的码头。

西湖里停泊的龙舟。在福州城区的内河湖泊，你总能在不经意间见到龙舟。

二

魏秀仁诗中提到的白马桥，相传得名于汉闽越王郢之子骑寅。他因喜骑白马、射箭而被人称作白马三郎，后来在鼓山脚下的鳝溪勇斗恶鳝而死。传说中白马三郎生前经常站在桥上看白马河奔腾流向闽江，随着他渐被神化，这一习惯也不同寻常起来，于是他站过的桥得名白马桥，桥下的河也被叫作白马河。

后世人们感念他的牺牲，建白马王庙纪念他。白马王因水而得祀，自然也成为麾下有龙舟的境神。信奉白马王的龙舟队，如西湖官家村，以白色马头为龙舟头，农历二月初二为神诞，这正是白马王信俗的遗存。

不过，更常被人提及，以之作为福州龙舟起源的，则是西汉武帝时的东越王余善。相传余善叛汉，为激励士气、争取闽越族群支持，他在白龙江设钓龙台，放置用木头雕成的白龙，令各部落驾舟争夺白龙，胜者予以重奖。此后"钓白龙"的习俗保留下来，演变成如今福州的龙舟竞渡。

目前所知，中国最早有关龙舟竞渡的文物，发现于浙江省宁波市鄞州区云龙镇甲村。1976 年这里出土的战国时期铜钺上，"羽人竞渡"的纹样生动清晰。此地先民属百越民族之一的于越。

闻一多先生在《端午考》中指出：古代的越民族是以龙为图腾的，为彰显"龙子"的身份，他们不仅断发文身，而且每年在农历五月初五这一天，举行盛大的图腾祭。

古人在器物上绘制、雕饰某些特定的纹饰，是为了赋予其人们想要获取的力量。比如在箭上绘制风纹，是希望借助风的力量来让箭矢飞得更快更远。生活在水网纵横之地，常以舟代步的越人，在舟上绘制龙鳞图案，或将寻常舟船刻为龙形，在船上张挂龙幡，则是希望借助水族中最强大的龙的力量，祛除水里的邪祟，护佑平安。

端午时节以龙舟竞渡，最初可能只是长江下游吴、越民族的风俗。东汉以后随着吴、越地域渐被开辟，这一风俗才渐渐传播到长江上游以及北方各地。至于拯救屈原投汨罗江的故事，最早的记载也只在六朝。

"越"与"闽"自古渊源密切。先秦时百越中的一支部落即名为"闽越"。在越王允常时代，于越部落就有人进入福建定居。相传铸剑圣手欧冶子曾受越王派遣，在闽北湛卢山和福州冶山建炉，铸造宝剑。后于越首领无诸统一七闽，自称闽越王；秦朝统一天下后，降为君长。秦末，无诸协同诸侯灭秦，出兵辅佐汉王刘邦打败项羽，复立为闽越王，封管闽中故地。无诸仿效中原，于福州冶山之麓筑城建都号"冶城"，由此福州才开启了真正的城市历史。

如此看来，福州人划龙舟的历史，或许与闻一多先生所述之越族龙舟历史相差无几。

当然，这只是端午龙舟竞渡起源的一种说法。本书不是一本学术论著，我所记录和关注的，是在历史进程中已经被普遍接受并传承的观点。对于福州人来说，端午节划龙舟，最核心的意义就是"划平安"。让各自村落境社的神灵下水巡境，驱赶水里的邪祟，同时抛撒荷叶包（福州端午的节令食品，形似初生荷叶）、粽子、纸钱等，喂饱它们，祈求获得平安。

2019 年农历四月十六，闽侯县洋下村新做的龙舟正要抬去甲水。

三

福州端午的龙舟活动，基本上是围绕本境的神灵信仰展开的。福建以多神崇拜著称，福州尤甚。据说福建民间信仰的神灵当在 1000 位以上，全省 10 平方米以上的民间信仰活动场所有 25000 余处，此外尚有数以万计简陋的小庙、神龛不在统计之列。在这些地方性神灵的运作体系中，端午龙舟巡境是重要的仪轨，对于五灵公信仰尤其如此。

旧时福州民众由于不注意饮水和环境卫生，瘟疫时常发生。相传五月初四夜，五位赴省城赶考的秀才于梦中忽见功曹从天而降，宣读谕旨，指称福州邑民恶多善少，命瘟神投毒于水源大井，降疫病惩治作恶之人。五人醒来，商议之下，决定守在井边，阻止民众汲水，后见众人不信，便自饮井水，遂中毒身亡，用生命阻止了一场瘟疫的蔓延。

自此，五位秀才被奉上神坛，封号从五灵公到五帝不一，即张帝张元伯、钟帝钟士贵、刘帝刘元达、史帝史文业、赵帝赵公明（五帝名号各家说法略有出入）。他们掌管祛灾去病、驱瘟除疫之职。福州地区主要的神明，唯有五灵公神诞是在端午节。万众欢腾的划龙舟活动，自然是敬神娱神的最好方式。五月适值初夏，各种毒虫、蛇类活动猖獗、疫病流行，民众对恭迎五灵公江上巡境、驱疠祈福倾注了最热烈的宗教感情，这是其他神明系统的宫庙庵堂难以企及的。

比如帮洲的妙峰青白蛇龙舟，源自洪塘妙峰燕山三帝行台。青蛇、白蛇是五帝的部下，传说五帝中的刘帝非常爱看龙舟，所以青白蛇龙舟的龙头里会安放他的神像，每年端午让刘帝一起巡游闽江，观看龙舟竞渡。

除了"九庵十一涧"的五灵公宫庙，海潮寺、新港庵、水云庵、劝善庵等许多建在水岸港湾的寺庵，也都拥有颇具规模的龙舟队。一座庙有四五条龙舟甚至十多条龙舟，不是什么稀奇事。龙舟每年的落架、维修、洗舟、下水、破秽、请神、比赛、洗港、退神、上架等，有着一整套传统的活动仪式和程序。因五灵公信众多是水上居民，所以五灵公宫庙的龙舟战绩都比较辉煌。

2019 年农历四月十六，洋下村的新龙舟被抬往周都督庙
举行甲水仪式。当天有七条友好龙舟前来祝贺。

甲水仪式上，每条龙舟都有一人接过岸上人点燃的两支火把，从龙头跑到龙尾，最后纵身跃入水中。

按照传统寓意，拿火把的人跑得越快，这条龙舟也将在比赛中划得越快。

周都督庙是濑江、淘江边村庄的龙舟每年端午祈福上香、护佑平安的地方。祭拜后，各村龙舟总要在庙前河道划上几个来回，再到「洋下湾」竞渡。

四

福州龙舟历史的悠久还体现在诗词以及地方志的文字记载上。

福州西湖为晋太康三年（282 年）郡守严高所凿，至十世纪五代时，闽王王延钧于湖滨建水晶宫，建亭台楼榭，湖中设楼船，在王府与西湖之间又挖设一条复道，方便冶游。

闽王王延钧曾于端午日"造彩船数十于西湖，每船载宫女二三十人，衣短衣，鼓楫争先。延钧登大龙舟以观"。这艘龙舟肯定不是竞渡之舟而是用来乘坐的，但"龙舟"一词正式出现了。王延钧的宠妃陈金凤用闽中歌调作《乐游曲》二首，第二首明明白白写出了竞渡的意思。

龙舟摇曳东复东，采莲湖上红更红。波淡淡，水溶溶，奴隔荷花路不通。

西湖南湖斗彩舟，青蒲紫蓼满中洲。波渺渺，水悠悠，长奉君王万岁游。

到明代谢肇淛所作的《西湖观竞渡》，则直接点明了西湖乃竞渡之地，诗中得见盛况。诗云：

一曲湖如镜，轻舟隐芰荷。

况当悬艾节，共听采菱歌。

棹影群龙戏，涛声万马过。

楫飞晴散雨，鼓急水惊波。

藉草红裙密，鸣榔锦袖多。

战酣残暑失，酒醒晚风和。

胜事追河朔，英魂吊汨罗。

月归纤月上，良夜乐如何。

明代进士邵际春亦有《竹枝词》二首：

西湖北湖十里遥，劝君稳上彩莲桡。

西湖水浅浸郎足，北湖水深浸郎腰。

城里谁家好女儿，北妆鬖髯颇相宜。

怪郎急杀出城去，不肯携侬看水嬉。

　　如今的西门天桥处，在民国时期拆掉城墙之前，是福州城的西城门，叫迎仙门。以前人们从城里到西湖游玩，都要穿迎仙门而出。西湖旧八景里有个"仙桥柳色"，说的就是迎仙门外白马河畔遍植柳树的景致。读这两首《竹枝词》，我们能轻易地在脑海中勾画出时人出迎仙门，看轻舟芰荷，听采莲船歌，去西湖看龙舟的热闹景象。特别是后一首《竹枝词》中，男子出城去西湖看龙舟不等女伴的猴急模样，跟如今福州的"龙船癫"（痴迷于划龙舟的人）们可谓别无二致。

除西湖外，城南台江之龙舟竞渡也自古闻名。宋代福州郡守程师孟诗云：

　　三山缥缈蔼蓬瀛，一望青天十里平。

　　千骑临流骞翠幄，万人拥道出重城。

　　参差蟒蝀横波澜，飞跃鲸鲵斗楫轻。

　　且醉樽前金溅滟，笙歌归道月华明。

这是福州历史上最早记述台江一带龙舟竞渡的诗，后被南宋淳熙八年（1181年）任福州太守的梁克家收入《三山志·土俗》里。诗中描绘了九百多年前闽江上的龙舟斗胜，竞渡从早上持续到"月华明"，万人出城，千骑临流，壮观之至。而"笙歌归道"，让人不禁联想，或许还有十番乐队沿街吹奏，实乃太平盛景。

《三山志·土俗》里还有一段记载："州南台江沿诸内河，皆龙舟鼓楫，钲鼓喧鸣，彩衣鲜服，共斗轻驶。士女观者，或乘潮解纤，或置酒临流，或缘堤夹岸，骈首争观，竟日乃归。"这段文字里，"州南台江沿诸内河"更是台江竞渡悠久历史的佐证。

到明代，台江龙舟竞渡依然兴盛。万历进士曹学佺是福州人，他作了《台江观竞渡》二首，诗云：

山河原属越王台，台下江流去不回。

只为白龙先人钓，纷纷鳞甲截江来。

人看龙舟舟看人，人行少处少船行。

有时泊在柳阴下，箫鼓寂然闻水声。

这两首诗描摹得极为生动：只要看人流聚集于何处，就知道哪个江段在赛龙舟。最后一句"有时泊在柳阴下，箫鼓寂然闻水声"，对参加过龙舟比赛的我来说，真是太传神了。

福州端午节的龙舟竞渡，并非一场场有组织的比赛，而是持续时间很长的、十分自由的对决。端午期间，各水域都游弋着各个村落、境社的龙舟。只要看到对面有龙舟，不需要言语，隔着江面点个头，两条龙舟就能比起赛来。他们有自己的语言和规矩，对面龙舟上的人对于他们来讲，就好像是一年不见的兄弟。所以，在漫长的竞渡期间，我们常常会把龙舟划到岸边树荫下做短暂休息，那鼓噪喧嚣后的片刻宁静，正是我记忆里最温柔的画面之一。

而曹学佺第一首诗的价值，还在于它佐证了前文所述的福州端午龙舟竞渡"钓白龙"这一起源传说，"只为白龙先人钓，纷纷鳞甲截江来"两句，已经讲得十分清楚明白了。

2018 年 5 月，光明港，第十六届福建省运动会龙舟项目选拔赛。
这一年是省运会首次设立龙舟比赛项目。

左下——省运会龙舟选拔赛采用自备赛事龙舟的方式。

右上——如今的龙舟更多是年轻人参与的竞技运动。

连续举办五年的福州三县洲龙舟俱乐部友谊赛是福州龙舟界最重要、最热闹的民间赛事之一。

福州每年的各项龙舟比赛都吸引了大批市民观赛，龙舟氛围浓厚。

2018 年中国龙舟公开赛总决赛在福建南平举行，据不完全统计，共有 8 万余名观众到赛场观战。

左 | 每年的福州三县洲龙舟俱乐部友谊赛都吸引了
无数龙舟爱好者观战。
右 | 南平中国龙舟公开赛赛场上的福州龙舟运动员。

我从2016年接触龙舟，与其说爱划龙舟，不如说是爱和划龙舟的人相处。这些人中有划手、有匠人、有做龙舟的、有刻龙头的、有画花的、有看庙的，大多性格耿直、坦诚有趣。

与这种风格相呼应，龙舟这个行当也是粗而有序。许多传统技艺都是代代传承，活在师傅的脑子里。这个行当需要各种分工、多个门类的人相互协作才能成就。一条龙舟从打造诞生到下水竞渡，从古时的民俗到如今的竞技，那些参与其中的人的故事，正是构成这部历史的榫卯嵌套。

龙舟俱乐部教练

丁力

生于 1993 年，福州新生代龙舟运动员、教练，福州最早的本土职业划手和本土俱乐部教练之一。

我从小在西湖湖头村一带长大。我父亲丁明达（图左）年轻时爱运动，曾经考上央视的足球解说员，但是家里人希望他去公家单位上班，他就没继续。1984年恢复端午划龙舟，他马上加入了龙舟队。我爸在龙舟上掌舵，我小时候就被他包着绑在腰上，带去划龙舟。

我高中就开始做龙舟划手，那时我长得比较瘦，没什么力气，又不肯服输，就经常逃课，提前下水去练。2009年我加入"西湖红马"龙舟队，算是开始比较系统地学习技术；2014年我进了浦下龙舟队，是比较早划职业的本土划手，后来参加省运会、全运会得了好几块金牌。

2015年下半年我开始当教练。平时比较喜欢看强队的视频，研究一下桨法，技战术部分比较有心得，就一路给西湖龙舟俱乐部、鼓楼区龙舟协会代表队、福建海峡龙舟发展中心队做教练，都取得了不错的战绩。

我印象比较深刻的，是2019年做闽侯洋下青年队的教练。当时，大多数人都不看好这支基础薄弱的青年军。我根据他们的实际情况，制订了一套高强度的训练计划和方法，主要是改进他们的技战术和提升队员的个人能力。当年端午节淘江上的传统龙舟比赛，这支队伍一下子就出来了，可以说是战无不胜吧。十几位主力队员后来还被选拔参加了中华龙舟大赛福州站的传统龙舟比赛。

龙舟组织创始人

蒋仲杰

生于1986年，西湖龙舟俱乐部、福州市鼓楼区龙舟协会、福建省海峡龙舟发展中心创始人及负责人，致力于龙舟运动职业化和龙舟文化产业化的探索。

　　2011 年中华龙舟大赛之后，刮起一阵龙舟热，大家心都很热，不想只在端午节才划龙舟。那时我是"红马"的队长，所以 2012 年左右，我就跟队员们一起把"红马"往俱乐部方向转型，成立了西湖龙舟俱乐部。在福州的传统龙舟队中，我们算是转型得比较早的。平日里用玻璃钢制作的国际标准龙舟进行训练，只有端午代表湖头村下水的时候，才使用传统的红马龙舟。俱乐部最大的转变，是打破了本村龙舟本村人划的传统。当时几十个队员来自各个地方、各行各业，从十几到七十几岁都有。

　　中华龙舟大赛转播的电视画面上出现我们的时候，大家都特别激动，那阵子整个团队都特别有干劲。随着俱乐部不断发展，想做的事越来越多，有时候就不只限于西湖了，大家觉得应该要有个更高一层的组织。2018 年 9 月，我们跑了好几个月，终于把福州市鼓楼区龙舟协会成立了。10 月我们就组织了一场福州地区龙舟拔河邀请赛，邀请了鼓楼、台江、长乐还有闽侯的十二支龙舟队参加，效果特别好，大家觉得福州的龙舟有点团结起来的感觉了。

　　2019 年 4 月，我们又成立了福建省海峡龙舟发展中心。这是由福建省体育局正式批准成立的，是福建省第一个省级龙舟文化发展研究组织。我们希望能通过中心跟全国，尤其是海峡对岸的同胞，跟全世界的龙舟爱好者交流。在 2019 年中国龙舟公开赛总决赛上，我们促成了海峡两岸龙舟人大合影，打出了"海峡龙舟更强、两岸同心更美"的横幅；年底，我们举办了近年来福州地区规模最大的龙舟界年终庆典"福龙盛典"。

　　我是湖头村人，从小在西湖一带长大，求婚都是在西湖的龙舟上。我老婆说我骗她，因为我答应她结婚后就少划，结果越划时间越长。以前就是划龙舟，觉得划得快划得好就行，现在更希望在龙舟文化推广这一块能多做点事，让更多人了解龙舟，爱上龙舟。

高校龙舟队创建人

吴　杰　忠

生于 1981 年，福州大学女子龙舟队创始人、主教练、曾获「福州大学杰出青年教师」称号。

　　我是有点闲不住的性子，总喜欢琢磨点东西。我在厦门集美大学念体育教育专业的时候，就喜欢帆板和帆船，后来一路参加了各种赛事。2012年我从福建师范大学体育运动训练学专业研究生毕业，入职福州大学体育部，成为一名教师。2016年我从福大挑战过厦金横渡的游泳运动员中挑选了几名队员，成立了福州大学帆船队，九月就参加了第六届海峡两岸高校帆船赛暨第三届泛太平洋大学生帆船邀请赛。有一年福大召开教代会，有一个议程是：福州大学为什么没有一支根植本土文化的运动队伍，比如龙舟队？我这才知道，原来福大早就有组建一支龙舟队的想法。我在福州鼓山一带长大，从小就划龙舟，加上有创建帆船队的经历，所以2017年我开始着手组建福州大学女子龙舟队。之所以组建的是女子龙舟队，是因为当时在中华龙舟大赛的女子龙舟赛项，福州还没有专业队伍可以参赛，我们希望可以弥补上这个空白。

　　春节刚过，我自己找了张龙舟图片，然后在电脑上PS了一张海报，打印了从食堂贴到操场、从宿舍贴到游泳池，内容是招募福大龙舟队队员，结果只能用"无人问津"四个字来形容。对于"90后"的大学生来说，龙舟离他们的生活太遥远了。我后来只能深入游泳队等体育社团，动员看中的好苗子参加，整个过程可以用"连哄带骗"四个字来概括。一直到三月，我才凑出了一支福大女队。刚开始训练时，队伍里有些队员连真正的龙舟都是第一次看见，零基础，不会握桨，不会划水。这样的队伍究竟要怎么带，我这个体育运动训练学硕士的专业就派上用场了。

我先把龙舟搬到游泳池，四角用绳子固稳，让队员从基础动作开始熟悉龙舟。严抠标准姿势，下腰、入水、拉水、出水，每次一个半小时以上的训练雕刻出了女队队员的雏形。从四月到六月，我们备战中华龙舟大赛福州站的比赛。我每天凌晨四点多就起床，骑上小摩托赶到福大，督促队员们五点多起床，拎着早饭登上大巴，前往浦下河训练。上午八点多上岸回程返校，傍晚下课后码头集合，接着练配合、练战术。

那年"中华龙"福州站，我们福大女队最终获得了青少年女子组100米直道赛第五名、200米直道赛第五名、500米直道赛第五名及总积分成绩第五名。这之后的一年，福大女队"开挂"，马不停蹄地参加全国的各种赛事，从进前三到争冠军。媒体也开始报道，形容我们的队员是"小龙女""高颜值""学霸"，感觉她们都成了"网红"。后来，又受邀去香港进行参赛交流，去台湾参加两岸龙舟赛。我觉得，一支大学的运动队伍，应该"多条腿走路"，福大女队不仅仅是一支竞技队伍，也应该是龙舟这项传统运动的推广者和宣传者。我希望以后不光是我们福大队，我们福州、福建的龙舟队，都应该去更多的地区参访交流，让全世界认识和了解中国的龙舟文化。

龙舟历史见证人

生于 1941 年，1986 年福建省首支出国参赛的
龙舟队——闽侯尚干龙舟队队员。

林培仁

　　1986 年 7 月 25 日至 28 日，我们闽侯尚干龙舟队代表福建省应日本长崎县的邀请，去参加"长崎龙舟选手大会"，获得了 800 米直道竞速表演赛第二名与选手赛第二名。我是当时尚干队的锣手，我们应该是省里第一支出国比赛的农民队伍。那次去日本比赛，来回大概有一个星期的时间。我们先从福州到上海，再从上海坐飞机去日本长崎。我们这些队员们基本上是第一次坐飞机，第一次出国。

　　长崎的这个比赛据说从他们日本的江户时代就有了，有 300 多年的历史。我们去了之后，发现日本的龙舟和咱们中国的不一样，他们龙舟头尾都是尖的，没有我们中国龙舟的龙头和龙尾，船身比较深，每条船坐 20 个人。日本的龙舟每条船也配锣鼓，叫铜锣和太鼓。我们中国都是鼓放在龙舟中间，日本是铜锣放在龙舟中间，很大，是挂起来的。我也是第一次打这种锣，所以记得非常清楚。那天的比赛气氛十分热烈，有很多华侨到现场给我们中国龙舟鼓劲助威。比赛结束后，我们还参观了纪念原子弹爆炸死难者的纪念馆。这个比赛很有意义，当时报纸上说是一次中日民间的友好交流。

传统龙舟队队长

吴　信　平

生于1985年，福州传统龙舟队闽侯上街建平龙舟队队长，

曾率队两夺中华龙舟大赛传统龙舟赛冠军。

我是闽侯上街建平村人，据说以前一个村十几二十条龙舟，整个上街好像有一百多条龙舟。我父亲吴绍容家里有四个兄弟都划龙舟，他是领桨（坐在第一段的划手；龙舟上两名划手共坐一块坐板，称为一"段"）。我上初一时常常翘课跑去划龙舟。

2015年，平常一起划龙舟的年轻人想参加中华龙舟大赛的传统龙舟比赛，就成立了龙舟俱乐部，希望让训练正规一点。俱乐部跟以前大家随便划着玩不一样，训练强度上去了，有一些人就不开心，说大家一起喝喝茶、游游泳、划划船不是挺好的，现在搞这么累干吗？除了运动量加大了，技术也要改进，以前划快桨，现在要把桨速慢下来，注重拉水和桨效，一桨一桨拉到位。有些老人家说我们，划那么慢划一百年都不会累，后来我说，要是不服就单挑，咱们用事实说话。大家一比，效果确实不一样，慢慢意见就统一了。

2018年的中华龙舟大赛福州站，我们拿了传统龙舟赛的冠军。村里摆庆功宴，有三十九桌，大家都很激动。一个四十多岁的老队员哭了，说划了六年，今天终于划出个福州冠军。我有一个儿子和一个女儿，有时候也会把儿子带上船玩一下。划龙舟在我们这里不能断，小孩子要让他多了解一些。

福州传统龙舟强队万寿龙舟队里的「龙舟世家」，祖孙三代的龙舟经历勾勒出福州龙舟发展的历史脉络。

（从右至左）

郑发杰　郑祥烨　郑旗国

龙舟世家

　　我叫郑旗国，出生在万寿村，我们村的龙舟叫"万寿魁龙"，新中国成立前就很有名。我们一家祖孙三代都在万寿龙舟上划过船，"文化大革命"结束那年，我父亲郑发杰二十八岁，他带头恢复"万寿魁龙"，跟他年纪差不多的年轻人都纷纷响应。我父亲擅长做木工，龙舟上的桨都是他亲手做的。他还当教练，1985年他带领万寿队在远洋河举行的福州龙舟锦标赛上夺得了冠军，一时轰动乡里。

　　我小时候经常在龙舟上玩，过去用的还是柳叶桨。1993年浦下龙舟队从外地比赛回来，带回一把平桨，大家都跑去看。我父亲就按照那桨的样式，自己做了几把，所以我们万寿龙舟算是福州很早把柳叶桨改成平桨的龙舟队。后来我成了主力队员，参加1997年福建省"刺桐杯"龙舟锦标赛获全省第五、1998年上海青浦全国"屈原杯"龙舟赛获全国第五、1998年福州建城2200周年国际龙舟邀请赛并列亚军。我们那支队伍被称为"万寿历代最强"。

　　我们家的龙舟基因可能有点遗传，我儿子郑祥烨小时候就在洗手间的澡盆里，用他爷爷给他做的一把蓝色小木桨，模仿我们划龙舟噼里啪啦地划水。我在象园龙舟队做技术指导时，他差不多十岁，放暑假跑来玩，我发现他上手特别快，指点几下就像模像样。长大后，他真的去划职业队了。2017年，他还被选去福建队参加第十三届全运会，2018年参加省运会，算是我们家划龙舟最有出息的。

境庙守护人

林
维
亮

生于 1942 年，福州龙舟文化地标凤洋将军庙的修缮保护者。

　　将军庙所供之神，就是门口这块《福建凤洋将军庙史迹》上写的：他是被冲到庙前面的河里，漂走又漂回来，捞上岸来看了他的腰牌，叫金伯通。后来特地去金姓族谱里去查，有这个人，是个将军，我们这边就供起来了。

　　这个将军庙的匾是癸酉年，就是1993年那年，在整修时挂上去的。上面写"弟子林道财子林维亮敬叩"，林道财是我父亲，林维亮就是我。我父亲也一直在保护这个庙，做了很多事。庙里有一块"铺路碑"，是清朝道光二十一年（1841年）刻的，记录下了当时捐钱修庙门口路的人。"铺路碑"的对面墙上是光绪元年（1875年）重建将军庙的"捐资碑"。我们这里一直很重视祖殿的修缮保护，我参与时捐了三千元，那个年代算是很大一笔钱，大家也都捐款，让我来当总理，一起把凤洋境祖殿的重修做了下来。

　　以前远洋这一带的村，远东、远中、远西、上洋都在光明港划龙舟。农历五月初一到初五，附近的龙舟都到将军庙里来烧香。龙舟靠岸停好，船上要比赛的划手都下船，打鼓、敲锣，带上粽子、荷叶包，从东门进到庙里去烧香，然后把香火请出来，插在龙头上，再去比赛。我坐龙舟的龙头坐了三十多年了。以前，坐龙头的人要给队员买背心、白背心、红背心，做仪式，请"龙舟饭"，还要买红布。后来坐龙头的要准备得更多，有时候坐一次花上十万元都不止。

龙舟历史整理人

生于 1938 年，福州龙舟历史文化口述者，致力于传统龙舟史料的整理与图像复原。

徐　依　华

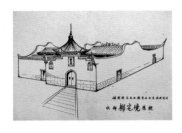

水部柳宅境原貌

　　我从小就住在水部柳宅这里，以前是村，门口是琼东河，我们就在水里长大的。河上原来有一座象桥，也叫满洲桥，来往的人很多，桥上还盖了廊屋让人躲雨和休息，过桥往南可以去蛤埕、莲宅，后来因为修建古田路没有了。他们编一本书叫《福州内河史话》，来采访我问这个象桥，我还画了一幅画给他们。我从年轻的时候就开始痴迷龙舟，也喜欢写写画画。我们水部柳宅二十世纪七八十年代建造的老龙舟，都是我画花，尾巴上画飞马，舵上画鲤鱼。

　　我现在主要是跟几个伙伴一起管理这个柳宅龙舟会，我们原来有十六个勤务成员，从 1981 年以来，一共造了三条龙舟。1994 年主要由勤务组成员和个别热心人自愿捐款，集资了 1.66 万元，改扩建了这个二层的龙舟房。我们这些人顶烈日、流大汗，不怕苦不怕累，半夜搬砖头、运木材，从远道（通湖路）运回空芯板。也就是这些人，不要一分钱，在六月艳阳天，把整整半个龙舟房里的杂土清理得一干二净。

　　我们划了一辈子龙舟，现在年轻人都不爱划这个，我们要把这些保护下来。我写了好多资料，包括水部柳宅的龙舟，和龙舟会的历史，都写在纸上。我还把原来的"柳宅境"道教古迹也画下来，有人来了解，我就可以给他们看，这里曾经是这样的。

生于 1983 年，闽侯县龙舟协会负责人，福州传统龙舟掌故、柳叶桨搜集人。

龙舟掌故搜集人

郑

楷

　　我是闽侯县卜洲村的，我们村以前只有一条龙舟，七八百人只能有三十几个男的上船划，所以每年端午，我们村的壮年男丁，每户只能有一个上船。我们家最早是我爸划，后来是我两个哥哥划。我从小就爱划龙舟，但都轮不到我，只能偷偷跑去"划早水"（早上将龙舟划下水体验一番）。

　　长大了想划龙舟，我们村一般只在端午才划，平日里没得划。2008年我经朋友介绍去了北湖龙舟队，2015年转到"西湖红马"，后来参与龙舟俱乐部的工作，算是开始比较投入地做龙舟的事。这些年我每天都从闽侯开车到西湖划船，我老婆不高兴，我就跟她说："我每天都去划船，还是每天都去喝酒，你选哪样？"她就没什么意见了。

　　我这个人比较爱交朋友，好像哪个队都有点朋友，他们开玩笑，说我每个队吃一天，一年都饿不死。经常到福州各个队"拱趴"（福州话音，意为聊天），所以那些村的龙舟历史啊、龙头来历啊、比赛成绩啊、技术特点啊，我都了解一点。

　　最近两年我比较喜欢搜集柳叶桨。福州柳叶桨在全国独树一帜，桨上的图案各种各样，非常漂亮，还有很多龙舟典故。每次找到新图案的柳叶桨，回家洗干净，发现没见过的花纹，就会特别开心。福州爱划龙舟的年轻人越来越多，我们村现在也有十几条龙舟。福州龙舟的历史需要更多关注，我们划龙舟的人要从自己做起。

龙舟文化保育人

张 学 茜

生于 1988 年，龙舟文化爱好者和保护者，福州传统龙舟模型制作、传统龙头复刻技艺的代表性匠人。

　　我老家是闽侯南通镇泽洋村盛美，小时候放假或者逢年过节往返南通与福州，都要坐"搭渡"过大樟溪。那时候的渡船是木船，装着柴油机。我每次坐船都一直看，想长大了自己造一艘船。我大学的时候喜欢玩乐队和泡论坛，研究怎么制作那些舰艇模型。2015年我开始划龙舟，想要"独龙"（单人操控的龙舟，舵在船舱前部，靠脚操控），就从广东订一条，特别慢，等了两个月才等到。看完那个船，我就想自己造一艘。大学学的是应用电子，所以那些软件都比较熟，用电脑CAD（计算机辅助设计）建模，然后自己琢磨，用了一个星期就造出了一条。

　　龙舟划了半年，我就想做龙舟模型，也是先CAD建模，然后去湾边买杉木，一个星期就做好了一条。可能是我运气好吧，做的第一个模型，龙骨就没有歪，但是左看右看，总觉得哪里不对。后来发现，我是直接用龙舟真船的比例缩小制作，有问题——船头船尾的弧度放在真船上，由于视觉效果，不觉得多么翘，但对同比例缩小的模型来说，长度变短，船身的弧度就变得太夸张了。后来就不断修正它，慢慢做到2016年，从"二代龙"做到"一代龙"，朋友都挺喜欢的，有些被他们拿去收藏。

龙舟模型要配龙头，市面上的我都不是很喜欢，就自己开始研究。因为划龙舟认识很多别村的人，就想用那些龙头做版。我跟他们说，把你们村里的老龙头拿来，我扫描一下建个模，就做个新的模型送给你。结果各村的朋友都把老龙头拿来给我扫描，大概扫描了四五十个吧，我都3D建模保存起来。好多老龙头都烂掉了，这里缺一块，那里有个洞，就要在电脑上做修复。

扫描修复后，我买了个3D打印机去打粗胚，第一次打印等了12小时，结果龙头下巴歪了。后来，就自己慢慢琢磨，修复数据啊，调整曝光啊，扫描切片啊，数据还原啊，慢慢就有经验了。2019年朋友找我，说要做福州城市内河艺术展，要定做展品，我就做了几套龙头，还有一条长1.8米的龙舟模型。自己的东西被放在展馆里，看照片里都拍得很漂亮，也能让更多人了解福州龙舟，很开心。最近把工作室搬到了南屿江口的镜江公园那里，旁边就是龙舟房，每天做完事情走几步就能下水划龙舟，挺好的。

龙舟影像记录人

生于 1989 年，摄影师，龙舟划手，龙舟文化爱好者，长期跟拍龙舟题材，连续三年推出龙舟主题摄影展。

林岑

　　我记得特别清楚，2016 年 11 月 21 日上午 7 点，我工作室的大门被推开，一个朋友约我做一个关于龙舟的主题拍摄。一个上午的拍摄，让我对这个以前鲜少听闻的运动产生了兴趣。龙舟在那天就这样闯入了我的世界，少了它特有的仪式感，可是却异常地亲切，彻底把我心里那条龙唤醒了。

　　那次拍摄以后，我就跟队长申请加入了西湖龙舟俱乐部，正式开启了我一边拍摄一边训练的龙舟生涯。比起龙舟摄影师，我更愿意他们称呼我为龙舟划手。经过一段时间的专业训练，我有幸参加了中华龙舟大赛、福州龙舟俱乐部三县洲站友谊赛这样的赛事。这些比赛经历也让我对龙舟拍摄有了更深的理解，如果你不划龙舟，你是拍不好它的。随着跟拍的时间越来越长，我对福州的龙舟也越来越熟悉。

　　现在自己除了工作性质的拍摄，平时花费心血最多的就是龙舟主题了。查资料、踩点、拍摄、总结、整理，短短三年时间把我打造成了小半个"龙舟通"。我自己乐此不疲，也得到了身边人的支持，还举办了专业的龙舟主题摄影展，这是我之前完全没有预料到的意外收获。作为摄影师，我是不满足的，我想尽我所能地拍摄龙舟题材；作为龙舟划手，我一样是不满足的，我想经常上场比赛。一句话，边拍边划，就这么简单。

龙舟『非遗』传承人

方　绍　晃

生于1952年，第五批福州市非物质文化遗产『方庄龙舟制造技艺（闽侯县）』传承人。

　　我们家六个兄弟，我是老大，我们从小跟着父亲学造龙舟的手艺。我父亲方忠雄从八岁开始做学徒，一生造了两千多条龙舟。我初中毕业后，去到永泰塘前造船厂当助理工程师，专门负责制造大型渔船。改革开放之后，看见政府放开了私人造船，我就辞职跟兄弟一起开造船厂。我们这个船厂看起来不大，却是全世界最大的龙舟制造厂，一年可以生产一百多条龙舟。全国和世界各地都在我们这里订货，五月最紧张，一天要出厂一条。厂里目前有十多个工人，旺季的时候还要到处去请人。造船的工人基本都是本村人，工匠是死一个少一个。以前有的地方十几年做一条，由于生活水平提高，现在有的一年做一条，我们生意也会好一点。

　　福州龙舟在全国龙舟里面最好看、最实用，稳定性好、航速快，很受大家欢迎。我们现在是采取人工技术与现代科学相结合的手段造龙舟。设计和造船的人，都要往广东、湖南和江西去考察他们的产品，汲取他们的精华，和我们福州传统龙舟相结合，设计出各种各样的龙舟。

　　2018 年，我们这个"方庄龙舟制造技艺（闽侯县）"评上了第五批福州市非物质文化遗产。目前我们全村做龙舟的就十几个人，年轻的传承人，全村就两个，一个是我的侄子，一个是隔壁厂老板的儿子。我们要继续申报省级"非遗"，就是搞福船和龙舟。福船包括龙舟，现在把龙舟单列出来了。我后来认识一位专门搞舰船设计的郑明将军，我说现在日本人把龙舟拿去收藏。他说那怎么得了，到时候看龙舟还要到日本去看。我和他说，我们这边后继无人了。所以说，我们要继续申报。

龙舟制作人

方
剑
伟

生于 1989 年，方庄龙舟制造技艺青年接班人。

　　我出生的第二年是难得一遇的闰五月年，一年两次端午节，家中的龙舟订单就比较多。早前的生活水平低，忙完端午节就只能打散工。从小记忆中，爷爷带着叔叔伯伯一起造龙舟、传授手艺，都是到南平取材，造好龙舟后走水路划回来，在村里做龙舟是比较迟的事了。现在家中已经备有木材，不用到南平去挑选材料。选好吉日开工，定龙骨的时候每家每户都要拿贡品来祈福。

　　我2009年高中毕业，正好也是闰五月年。当时相对而言生活水平高了，加上我们家手艺精湛深受各村龙舟队青睐，订单特别多。家中看到后继无人，想让我传承手艺。我抱着试一试的心态，开始接触造龙舟。学造龙舟，首先要有一套自己的工具，了解它们的用途。比较难的地方是，每做一个部件的时候，用到的工具都比较多，很难上手，枯燥无味、又脏又累。2012年我读大专去了，在这期间也没有完全放弃学习造龙舟。毕业后在家人的动员下，又回到专一地学习造龙舟的生活当中，慢慢地把技术学到手，可以独当一面了。

　　近年来订龙舟的人要求的是龙舟速度越快越好，审美观跟以前不同，年轻人和我也更聊得来。网络时代可以通过许多渠道传播我们本地的龙舟文化，见识全国各地的龙舟文化。我自己也开了抖音号，发一些我们做的龙舟，结识了很多朋友，销售模式渐渐地从线下发展到线上。对于未来，我想在自己村里保留一个地标性建筑，还能让人们像以前一样，一提到方庄第一反应就是龙舟村。

五门墩指古时万寿桥南，中洲岛向北数起的第五个桥墩。

五门墩女事

有孕妇从万寿桥上跳下寻短见

一中年汉子从五门墩位置跳出，
救下孕妇。

传说拜过"五门墩大哥"的龙舟就不会欣霞。

妇人称配看见神龙
低头吃龙草.

红腰带

龙舟倾覆，只有系着红腰带的妇人丈夫浮出水面。

后世便有了新船甲水或端午抬龙时系红腰带的习俗。

怡丰酒库学托李名贤讥讽
时事，一时传为佳话。

午时节

"午时书"无横批，故人们书写，于端午贴于门上。

怡豐酒庫

西湖猶競渡

東省已淪亡

酒

龙 舟 人 物

造

变迁　　工艺　　花色　　仪式　　形制

舟

闽侯县南通镇方庄龙舟厂，方绍杰师傅在裁板。

一

在第五批福州市非物质文化遗产"方庄龙舟制造技艺（闽侯县）"的传承人方绍晃眼中，福州龙舟是全国最漂亮的龙舟。老人家有说这句话的底气。他家这间工厂虽然看起来不大，但却是全世界最大的龙舟制造厂，一年可以生产一百多条龙舟，海内外的订户都有；每年五月最是繁忙，平均每天都有一条龙舟出厂。

方姓先祖从唐乾宁三年（896 年）起，蛰居于侯官县南港大樟溪畔，繁衍成族，此地因之取名为方庄。大樟溪是闽江下游最大的支流，水系发达，又靠近多山的永泰，有许多造船所需的材料，所以当地人从明朝中期就开始从事造船业，鼎盛时整个方庄都是造船的。当时所造之船为福船，以航海运输为主。

早年福州的龙舟形制比较简单，就是用小渔船，配以锣鼓。方庄的先祖看到这是一个商机，便利用造福船的经验，开始设计适合在福州水域竞速的小龙船。那差不多是清朝中期的事情了。现在去福州乡间龙舟队探访，说起自家保存的老龙舟，十之七八为方庄所造。

福州最传统的龙舟，放在江里面像一条龙，头昂尾高，与现在江面上船身渐趋平直的龙舟很不一样，所以才有"浅水鸭"和"深水鸡"这样的形象描述，都在于指出福州传统龙舟首尾弧度大、腹中宽阔的特点。传统龙舟型宽身长比例合理，长度18.4米，宽度约1.44米，深度0.3米。后来，人们觉得这样的龙舟虽然美观，但船身比较宽，阻力比较大，经过去广东、湖南、江西考察，吸取他们那里龙舟的长处，将船身变窄，渐渐发展成目前的形制：船身变为23米多，船宽窄了三四十厘米。

福州传统龙舟的制作从选材开始。做龙舟的木头是相当讲究的，主要以杉木为原料，大多选取闽北山区树龄四十年以上的再生林木。树要选长在山窝里的，树要直，不能有朽坏的地方。这样的树材质轻，做出来的龙舟船体也轻。一桨下水，船会往前蹿，这才是好船。选中的木料要经历一年以上的风干，方能投入制作。

传统龙舟的四大件分别是："龙骨"，用来控制龙舟的弯度和高度；"舵肥"，也叫"尾抽"，用来固定尾舵，增强船身硬度；"鱼梁"，控制船身整体强度；"柅"，作用也是增加龙舟强度，划手的坐板就是固定在它上面的。造龙舟，最开始也最重要的工序，就是定龙骨。

龙骨决定着船的弯度和高度，因而首先必须根据图版进行设计，确定龙骨的尺寸和弧度，然后进行固定。以前龙舟是纯手工打造，那些老祖宗传下来的工具，有一部分现在还在用。配件有不少也是量身定制的，比如固定船身各部件的铁钉。以前的船板厚，所以钉子都很长，钉进去不容易拔出来，比较牢固。

龙骨定完后是放横梁，横梁是用樟木做的，福州话称为"樟段"。横梁一片一片地竖放进去，然后钉底板；底板钉完之后，开始钉船的两边，这个位置福州话称为"柅"；钉好后装鱼梁、舵肥；舵肥做好后，进行船的尾部装修，装上尾翼，福州话叫"蜻蛉翼"；然后装龙档、头坪、尾坪、坐板、水舨；水舨做完，工序算是完成大半，这时候就可以翻过来磨光了。磨光结束之后开始补缝，这个缝是指龙舟木板之间的缝。按照从前的工艺，要先填竹丝，竹丝遇水膨胀，可堵住缝隙，之后再上油灰。油灰是用蚬子壳烧成的灰加上桐油制作而成的。现在一般都是用胶水了，干的速度更快。最后是上漆。上完漆，整条龙舟的制作工序就全部结束了。

龙舟厂里摆满做好的龙舟和未上色的半成品。

龙舟厂的师傅在组装头坪。

方绍杰师傅在用刨刀为裁好的木板修边，使其更为平整。

旺季时，龙舟厂加班加点，多条龙舟同时制作。

方庄龙舟厂的师傅在为莆田龙舟加工尾舵。莆田龙舟与图中
带虎头牌的福州龙舟形制颇为不同。

师傅在调适龙头与龙档的吻合度。

方绍仕师傅正在凿龙档。

方庄龙舟厂的年轻传承人方剑伟正在固定尾翼。

压 尺

ak-chióh

设计龙舟图纸时，用以压住确定弧度的尺。最初用铸铁，后改用更重的铅，故又称"铅龟"【chiĕng-gui】。因外形与蛤蟆相似，俗称"洋鲼"【iòng-pà】。

搭　尺

dak-chioh

用于确定龙舟构件的角度

链　绕

liêng-nāu

从前福船的制作工具，现在多用于制作龙田龙舟，主要用来固定硬度较大的木板，以便压出所需弧度

铁 绕

tiék-nāu

用于夹紧两块木板，上面有若干孔洞，又称绕车【nāu-chiā】

铁 钉 斗

tiek-ding-dau

龙舟所用钉子种类较多，故用木盒分类

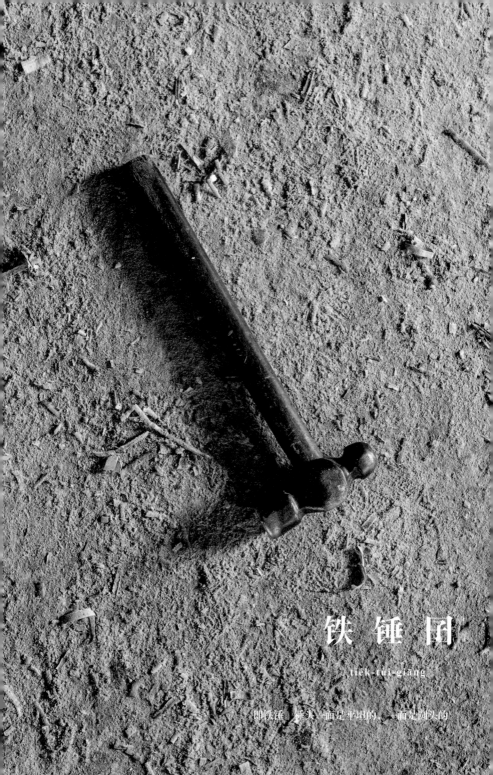

铁锤囝

tiek-tui-giáng

即铁锤，锤头一面是平坦的，一面是圆头的

手 钻

chiū-cǎung

两件工具为一套，以前没有电钻的时候用来钻孔。又称"銼钻"【tqi-cǎung】，俗称"扒喇钻"【bā-lā-cǎung】

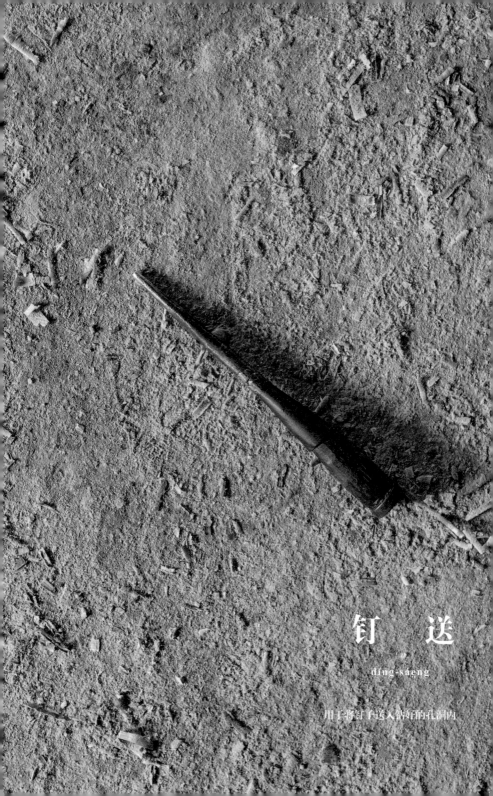

钉　送

ding-saeng

用于将钉子送入钻好的孔洞内

拖　锯

tō-gēn

形态近似于折背锯，可以更灵活地运用于精细部件的加工。在操作方式上，与下
压的手锯相对，拖锯是向上拖

锯弓

gen-glang

郎锯子

錾 劈

cáng-piē

以前修补花盆时，用来敲打竹丝，使之嵌入缸缝。

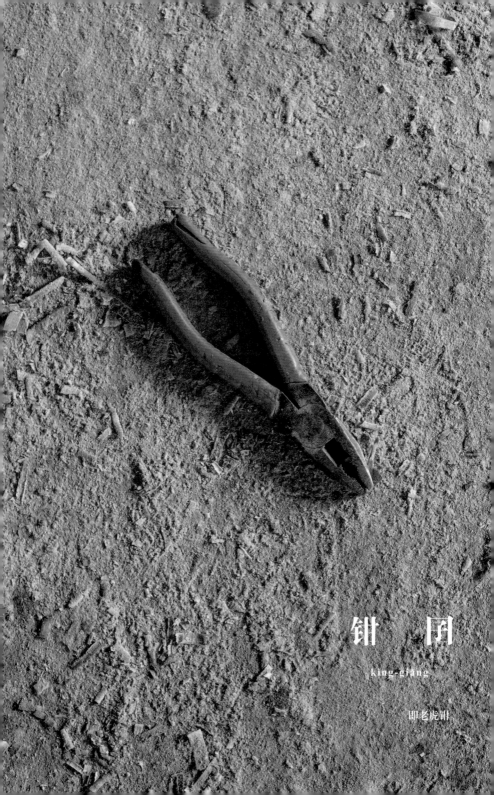

钳 囝

king-giang

即老虎钳

翘　推

kicu-tōi

翘刨刀，底部为弧形，用来刨制有弧度要求的部件。从前没有打磨机时，弧形的部件只能用翘刨刀来加工。

读音提供＼方绍晃　方剑伟【闽侯】

福州方言读音校注＼郑德峘

（使用教会罗马字标注，具体读音可扫描二维码收听）

二

乡间造龙舟的流程中，最重要、花费最多的就是定龙骨了。定龙骨通常要举行盛大的仪式。我曾有幸观礼闽侯县洋下村的"五大灵公新船定龙骨仪式"，并将仪程完整地记录了下来。

洋下村所在的地方，自宋代开始被划为七个"里"，分别是：永庆里（尚干），灵岫里（凤港、洋下），清廉里，还珠里，西集里，方岳里，积善里。洋下村古属灵岫里，无山之迫，有水之胜，这水就是濑江。

濑江东源青龙山，西源过岗和五虎山，南源五峰山和南阳顶。三支源流于卜洲汇合，因江流湍急惊险，称"险江"。后入"七里平洋"的洋下、凤港等村庄，经三十六湾到尚干后与乌龙江汇合为"峡江"，过马尾到海。

洋下、凤港水段，分别都有"湾头"，称"洋下湾"和"凤港湾"，好似两只凤凰在飞翔，所以洋下村里有凤安桥，建凤灵寺。而热闹盛大的洋下村"五大灵公新船定龙骨仪式"就在这里举行。

有水就有舟，洋下村有深厚的龙舟传承基础。近几年，新龙舟也做了好几条，但以全村的名义，请师傅在凤灵寺里热热闹闹地造龙舟，老辈人说，已经是百多年前的事情了。

去福州各乡村境社采访，会发现一个有趣的现象：很多龙舟会或者龙舟房，都设在当地的老人会里；每年关于龙舟的诸多传统仪式也是由村里的老人们负责。洋下村此次定龙骨仪式亦不例外，由洋下村老人幸福院主理，刚成立不久的洋下青年队协助操办。

清晨六点半，老人院的长者和青年队队员就打开了凤灵寺的大门，开始准备仪式所需的香火和供品。他们还要请出洋下当地五大灵公的香位，以及半个月前请神时就已经备好的黄符。

如前文所述，五灵公舍身保民，是民间的逐疫之神，后人感念其德，因此立庙供奉，洋下凤灵寺主祀的就是五大灵公。

七点半，凤灵寺大门开启，洋下村信众鱼贯而入。凤灵寺内四角指定区域分别贴有红色纸条，上书"一片""二片""三片""四片"。各家各户按照所属的分片，将写着姓名的平安包、平安粿放在指定位置。供奉完毕，点香拜神。短短时间里，我们看到村里的老人们几乎都到了。庙里

左｜2019 年农历正月十八，闽侯县洋下村"五
大灵公新船定龙骨仪式"在凤灵寺举行。
右｜村内各户按自己的分片，将平安包、平安
粿放在指定位置。

左上｜洋下龙舟一向请闽侯县南通镇方庄的方和猛

师傅主理。定完龙骨后，方师傅开始合底板。

左下｜合完底板后，师傅们将多余部分锯掉。

右｜固定完底板后，师傅们开始补缝。

往来穿梭，都是朝拜的人。

　　上完香，去外面的元宝炉里烧元宝。青年队队员负责守元宝炉，人太多，元宝炉装满了都来不及清理。

　　供完平安包烧过香，每家每户可以领到两根船钉，用一张红纸包裹着。添船钉两根，寓意"添丁"，这是十分古老的习俗。

　　造船的五金配件早就备齐了，凤灵寺开门不久，从方庄请来的龙舟师傅就到了。洋下村的龙舟，一向是请方庄的方和猛师傅主理，洋下人称呼他为"胡须伯"，透露着熟稔和亲切。

　　定龙骨的日子是挑选过的黄道吉日。一根十八米以上的杉木摆在凤灵寺宽敞的庙堂里，摆好龙骨基线，师傅根据图版设计尺寸，将龙舟头尾两端弄弯上翘，做出合适的弯度。最古老的福船，船尾翘起至少达到六十度。高昂的龙头、翘起的龙尾、宽大的龙腹，是福州早期龙舟的典型样貌。

　　一派忙碌之中，正午吉时到！霎时间，鞭炮齐鸣，锣鼓喧天，这次定龙骨仪式的"做头人"手里拿着火把，从船头快速跑到船尾。这一传统寓意龙舟出行平安，跑得越快，龙舟划得越快。

　　整个仪式进程中，锣鼓不停，一直敲过十二点。锣鼓声

端午赛季要上新龙舟的洋下青年队队员敲起鸣堂鼓，
上香祈福。

正午吉时一到，"做头人"手里拿着火把从船头跑到船尾，祈愿龙舟跑得更快。

长鸣，是为了唤醒这条"龙"，也是为了祈愿这条新龙船下水后能划得更快更远。同时，殿内的鸣堂鼓也被敲起，现场气氛严肃凝重。凤灵寺外，早早等候着的八九个年轻人也闻声点燃鞭炮，持续不断的鞭炮声震耳欲聋。凤灵寺内，端午赛季要上新龙舟的龙舟队队员上香祈福，希望在今年的赛事中能大有斩获。

十二点半，仪式结束。凤灵寺内，当地村民、信众、龙舟队队员的喝彩声响彻云霄，场面热闹非凡。村民们将供过神的糍（糯米、粳米磨浆压去水分后制作的圆团状糯米馅福州传统点心）分发共享。一点钟，各家各户来凤灵寺领回自家的平安包、平安粿，直到四点钟才领取完毕。下午五点清场，青年队各位理事及队员进行现场清理，六点再度进行供奉，以表谢礼。供奉完毕后，收拾好供品，关闭寺门。从清晨七点到晚上六点，历时十一个小时，洋下村"五大灵公新船定龙骨仪式"圆满结束。

方和猛师傅兄弟三人，自幼跟着父亲方森官学造龙舟，十三四岁时就已经出师。这样的定龙骨仪式，他一辈子经历过无数次。从前村里德高望重的老者要专门拜龙骨，定龙骨的时候还要把"亲家船"叫过来观礼，同时把琵琶带钉进龙骨。传统的琵琶带是两只长条形的红色袋子，袋内装入本境的泥土、五谷、船钉、平安符，由本境德高望重的老人，将琵琶带钉入龙骨的头尾，头尾各钉两条。

龙舟匠人有做龙头的、画花的、做船钉的，分工很细。福州龙舟的船头有个虎头牌，寓意卧虎藏龙，龙头盯着天上，虎头盯着水下，震慑邪祟。虎头牌有画的，也有雕的，规格大小由师傅来定。钉虎头牌时，有些地方搞得很神秘，还要发红包。而各家龙舟队的龙头各不相同，大小、样貌大有讲究，则堪称福州龙舟最大的特色。

吉时一到，凤灵寺外鞭炮齐鸣。

仪式结束，村民们将神前供过的糕分发给众人。

三

　　凤灵寺内洋下村新造的龙舟，在完工后将会配上传统的龙舟头——鸡头。这只鸡头黄喙红冠，昂首欲鸣，十分精神。为什么洋下村的龙舟头是鸡呢？有一则传说，据说在清朝末年，洋下村民择吉日在凤灵寺为龙舟定龙骨，吉时一到，鞭炮齐鸣，正当全场庆贺、锣鼓喧天之时，忽然有一只毛色火红的大公鸡，昂然跃上龙骨前端，展翅高歌，众人均呼是五灵公显灵，神灵亲自选择红色的公鸡为龙舟头。

　　我还隐约听过另一种说法。洋下、凤港水域有许多与凤相关的地名和传说，民间以凤为尊，两地的龙舟古早均以凤头为龙舟头。但一湾不容二凤，双方都觉得自己是凤，而对方是凰，一公一母，高下立现，由此论辩不休。后来洋下人一怒之下将凤头改为鸡头，取宁为鸡头不为凤尾之意，就此成为定制，沿用至今。

　　洋下村三股桥边有座毓麟宫。这座小庙本没什么特别，乡野间寻常可见。但进入庙内，却被两面墙上的壁画所吸引：单钩白描，未着色，栩栩如生。图中所绘主要是陈靖姑学艺除魔事迹，但其中有两幅为龙舟题材，颇为可观。

　　一幅壁画的下方是构图完整的《龙船登舟图》。江上有

新船甲水，洋下的龙舟头是颇有特色的鸡头。

龙舟一条，船的后半已经坐满划手，仔细数一下，刚好八段十六人，前半未登舟者亦为八段十六人，共三十二名划手，加上锣一人，鼓一人，舵一人，龙头一人，合计三十六人，一条传统龙舟上的标准人数。细看画中诸人，或赤膊，或着背心短褂，手中所执的正是柳叶桨。岸上数子，年仅垂髫，身与桨同高，即相约划龙舟，正是乡间端午景象。

另一幅壁画中，画中桥名为白花桥。这桥的名字有典故。从前，未生育的已婚妇女都要到毓麟宫中"请花"祈子，求生男孩请白花，求生女孩，则请红花。这幅画中的桥名"白花"，暗含祈生男孩之意。白花桥下两条龙舟是龙头，而画面右侧树下掩映的两条龙舟则是鸡头。由此可知，树下即将参战的是洋下村的队伍。

这便是福州龙舟最大的特色：船身有色彩鲜艳的鳞甲图案，船首的龙头可拆卸，雕工精美，各里社村庄依本境的神灵信仰将之漆成不同色调、图案，如江边黄龙、远西白龙。但也有不是龙头的，如上文中洋下村的鸡头，而且种类十分丰富。

这样的情形古已有之，北宋熙宁间太守程师孟咏端午节诗附注曰："闽中龙舟制作特异，有所谓白马、青蛙者，不尽为龙也。"自古，西湖周边村庄的龙舟就有"白马""红

闽侯青口大义村画师郑和所绘毓麟宫壁画局部，
壁画中传统龙舟登舟、竞渡情景栩栩如生。

马"之分。所谓"白马"是纪念白马王，即传说中汉闽越王郢的第三子驺寅。"白马"舟身狭长，快速灵活，颇为知名。而"红马"就是我加入的湖头村龙舟队，龙舟头为马头，赭红色，配蓝色带黄边的辔头。直到今天，每年端午，去西湖观龙舟的人都还能看见"白马""红马"在湖面驰骋如飞。

闽侯县尚干镇东升村的龙舟头也很有代表性。原本东升村只有一条龙舟，叫作古白龙，龙舟头是狮子头，境庙为凤法坛。后来村落繁盛，分出三支，龙舟也多了三条，分别是过浦新白龙，龙舟头是大象头，境神为张大人；东升三白龙，龙舟头是豹子头，境神为齐天大圣；东升四白龙，龙舟头是虎头，也就是尚干一带大名鼎鼎的"虎仔龙舟"，境神为华光大帝。一村四条龙舟，虽然都叫"白龙"，龙舟头却各不相同，而且没有一个是龙的形象。这样的情形不但福州罕有，也称得上独步全国了。

不同动物造型龙舟头的寓意，有些比较好理解，比如龙、狮、虎、豹、犀牛之类，是想让龙舟借助这些猛兽的力量获取胜利；有些则要结合村、境的信仰传统去理解，比如水部蛤埕的龙舟头是青蛙，俗称青蛤，就是因为该境信仰青蛙将军。琼东河畔的水部蛤埕庵，实际上是一座蛙神庙，祀青蛤将军，又称"振威将军"；根据青蛙的不同花纹颜色，还有将其分别称为"铁线将军""金线将军"的说法。从前蛤埕庵前停放着两条龙舟，龙舟头就是绿色的青蛙造型。福建的蛙神崇拜习俗主要流传于闽北、闽中等地，蛤埕龙舟的青蛙头正是这一信俗的遗存。

福州有些龙舟头看起来是龙头，但其实是龙与其他动物的合体，典型例子是妙峰青白蛇龙舟。在江面上远远望见时，你会觉得它的龙舟头明明就是龙的形象；等船靠近仔细观察，你会发现，龙头颈部的鳞片要细小得多，颇似蛇鳞，即龙头蛇身。

有些与其他动物合体的龙舟头虽然还叫"龙"，但增加了定语，比如马尾虾龙。所谓虾龙，是指龙头两边伸出了两根类似虾须的装饰，这是福州龙舟头中一款比较常见的造型。虾须，是虾的触须，也是妙物，传说中常为神仙所用。《汉武帝别国洞冥记》载："马丹尝折虾须为杖，后弃杖而飞，须化为丹，亦在海傍。"在隋代，它也是兵器的名字。《隋书·礼仪志七》载："床桄陛插钢锥，皆长五寸，谓之虾须。"但为什么有虾须的龙头不叫虾头呢？很大一种可能，是因为虾在中国的神灵信仰体系，特别是道教的体系中，位次较低，不像青白蛇，是五帝的手下，所以龙舟头虽有虾形，亦不能独称。

凤洋林西社朝天龙

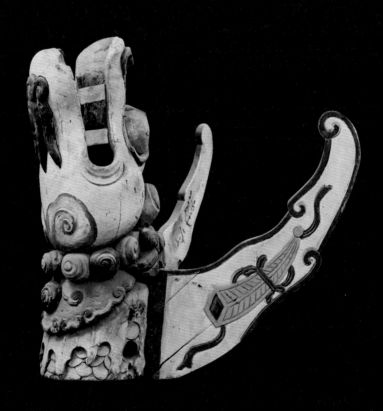

西湖湖头村红马

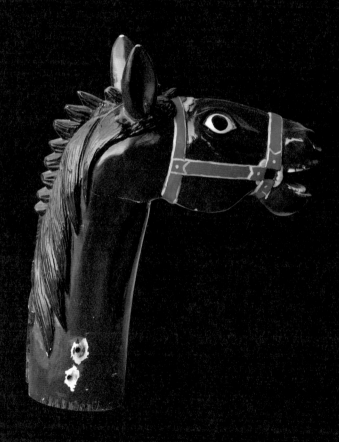

西湖荷亭村虾龙

闽侯洋下村公鸡头

闽侯上街六桥林新宅龙头

竹田村东中社凤头

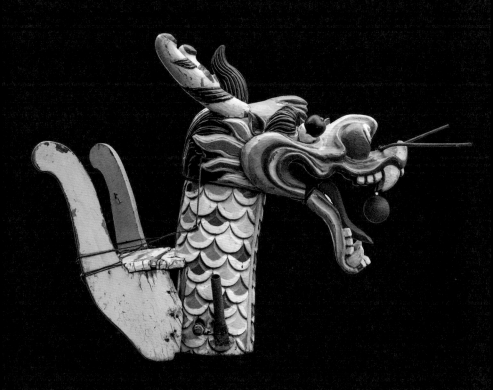

　　一尊形神兼备的龙舟头从原木到成型，要经过繁复的工序。首先是选材。制作龙舟头的木料要满足几个条件：木质稳定不易开裂，木材相对密度要小，不易为虫蛀腐朽。因此做龙舟头首选成材的樟树，选中的木头必须放在阴凉处风干两年以上。

　　木材风干好后就可以开始制作了。用墨斗画出木头的中轴线，然后根据东家所描述的大概样子，在木料上沿着中轴对称地画出轮廓图。接下来是"打胚"，先根据这个轮廓线把大致外形砍（锯）出来。这一步骤古时候用斧子，现在则用油锯。接下来用打胚刀（古时候）或者高速钻（现在）把龙舟头的五官、角的形状勾勒出来。

　　"打胚"之后是"开口"。在龙脖子后下方开一个方形的槽，这个槽必须居中，这样装在龙舟上面才会居中对称。旧时有些龙舟头还要在后脑勺挖个小洞，用来放置划龙舟时请来的神位。"开口"之后是"修光"。在打出来的粗胚上，用修光刀或风钻把龙舟头每个部位的细节雕凿出来，比如开鳞片、开五官、雕龙毛等。

　　龙舟头大致成型后，还要装扶手；有些地方的龙舟头没有扶手，这一步骤可以省去。接下来是"磨光"，也可以理解成抛光。经过"修光"工序后，龙舟头的细节基本都呈现出来了，但还必须用不同规格的砂纸进行打磨。先用相对较粗的砂纸，比如80号砂纸，打磨掉比较大的毛刺和坑坑洼洼，接着分别用240号、400号、800号砂纸进行打磨，直到龙舟头表面变得光滑圆润。

"磨光"后的龙舟头就进入扒底、上底漆的工序，之后上色。有的龙舟头还要在嘴里安装龙珠，下巴配上龙须，要求不一而足。最后，用红布蒙住龙舟头的眼睛，贴上符，就等待日后开光了。

"打胚"成型的龙舟头。

左 | 雕刻龙头的工具。左为凿子，右为敲击凿子的工具。

右 | 师傅在设计龙鳞的纹样。

陈明辉师傅正在为龙头上底漆。

方孝水师傅正在给传统龙头上色。

四

福州传统的龙舟划桨是柳叶桨，因形似柳叶而得名。端午时节，"柳叶桨溅桃花浪"，是福州龙舟的一大特色。传统的柳叶桨上有款式不同的画花，在我看来，这恐怕是天底下最美的桨了。

柳叶桨的花样通常都是传统题材，花鸟是最常见的，比如"凤朝牡丹""喜鹊登枝"。当然，也不是所有的花鸟都可以。中国人讲究谐音，要能讨好彩头，所以在入画的题材上就有所选择，如鸡通"吉"，蝙蝠通"福"，牡丹寓"富贵"，桃寓"寿"等，而蝴蝶、鲤鱼也是常见的题材。

柳叶桨通常一面花一面字，字为各境境神所在庙宇的名称。有时，从柳叶桨上的字，也可以获得有趣的"冷知识"。

我曾经从朋友那里淘来一把老的柳叶桨，桨叶正面书"后村舍人府"，背面绘"凤朝牡丹"图，沉稳雅致。我只知道后村在闽侯尚干，却不知何谓舍人府。不久之后，我们在后村毓麟宫意外地找到了许多把画工精美的柳叶桨，背后均书"舍人府"三字。毓麟宫主祀顺天圣母临水陈太后，一般会配祀三十六婆奶等，而在后村的毓麟宫里，左右配祀的却是舍人府和东窗社。由此，我也终于知晓了那只柳叶桨上"舍

人府"的来历。

据《晋安逸志》载：永福（永泰旧称）有白蛇素为人害，隐形闽王宫中，幻为王后以惑王，陈靖姑率弟子书符夜围王宫，斩蛇为三段。闽王封靖姑为"临水夫人"，食古田百户，以一子为舍人（官职名）；靖姑辞食邑不受，乃赐宫女三十六人为弟子。原来，舍人府供奉的是临水娘娘陈靖姑的儿子。

当年，尚干七里龙舟盛行，后村龙舟即以"舍人府"为境号。现在上网搜索，还能找到"后村舍人府"的赛龙舟视频。像这样从柳叶桨追溯龙舟历史的事例还有很多，就不一一举例了。

除了传统的花纹外，有些龙舟队的柳叶桨上还大胆地绘制了一些特别的图案，颇具时代特色，比如水部柳宅著名的"A"字柳叶桨。据说这是二十世纪九十年代柳宅龙舟队某次夺得冠军后，决定画在桨上的，因为"A"是第一个字母，代表"柳宅第一"的意思。

福州的龙舟桨还有一个别处没有的风俗，那就是"添桨"。如果村里的妇人生了男孩，要做一副新桨放在本境的庙里，称作"添桨"，也叫"喜桨""谢桨"。在中国传统文化语境中，向庙宇进献物事被称作"添"，比如"添香""添油"等，因此从字面意思就可看出，添桨是向神灵报喜并感谢护佑的意思。比如螺洲洲尾村的添桨，通常是去尚干一家临街作坊里做的，木桨不画花，做好后放到洲尾泰山宫，庙祝会择日统一画花。桨上会写男孩父亲的名字，比如"弟子林某全敬""弟子林某喜谢"等，并写上添桨日期。农历五月初三新桨开桨，要把桨拿到船上，由坐在第一段的划手划水，每柄桨差不多划三桨即可。这意味着这个男孩在龙舟上有了位置，日后有代表本村划龙舟的资格。

而另一种桨则被称为"赠桨"，是经济条件较好的人资助龙舟队所赠的桨，比如南屿镇垚沙村桐叶就保留着一批改革开放初期，龙舟活动开始恢复时，华侨所赠的桨，桨上写着捐赠人的名字和捐赠日期。

南屿镇去浦村桐叶的年轻划手蒋靖（左）手托赠桨与龙舟会长、老龙舟人唐宝连（中）。唐靖 1990 年五月初五出生，那年恰好闰五月，所以他一出生就过了两次端午节。

五

　　福州传统龙舟一般都是龙头凤尾，船尾部画的花，以凤纹为主，当然也有画龙的。画龙也有讲究，不能画五爪，因为五爪是真龙，是皇帝御用的，因此民间只能画四爪。庙里画龙也是这个规矩，据说以前有个庙，师傅去吃饭了，徒弟把龙爪画成了五爪，结果整座庙被雷公劈掉了。

　　除了龙凤，也有画动物的，比如鼓山远洋一带的龙舟，船身上画的动物种类繁多，水部画的是狗，林浦画的是鸡，远中画的是飞马，不一而足。也有画传统人物的，比如洋下村的老龙舟，船尾画的是孩儿弟；鼓山远东村，船尾画的是哪吒。龙舟上画的人物也是与时俱进的，在沙堤德洲的一处龙舟房里，我看到过一条画着游泳运动员图案的龙舟。

　　画人物有时候会引起纷争。比如有的龙舟队画哪吒，跟它比赛的队就画托塔李天王；有的龙舟队画老虎，对头的龙舟队就画武松打虎等。二十世纪八十年代的"江边杯"龙舟赛上，夺得第二名的义序队船身上画的是一架飞机，则是鲜明的时代特色了。

右上｜福州传统龙舟尾部的凤凰花纹。　　右下｜船尾画着孩儿弟的老龙舟。

老龙舟船尾丰富多彩的图案。

鼓山镇远东村的龙舟鼓。鼓皮用竹钉固定以便于更换。

龙祥岛江中村的"尾鱼"。"尾鱼"是立于龙舟尾部
龙尾栓之上的木制鲤鱼，可受风转向，是司舵观察
风向的好帮手。

　　福州谚语有云：一鼓二舵，意为鼓是龙舟的灵魂。每年
的端午是以龙舟鼓的响起作为开端的。农历四月初一"龙舟
鼓转头"时，会敲击鼓身，从声音判断是否需要重新鞣鼓皮。
人们抬着龙舟鼓开始"采莲"，标志着端午龙舟季的开始。

　　福州龙舟的另一个特色是舵和龙尾栓。传统龙舟因为尾
部翘得很高，所以舵要做得很长，通常为十米。和现在龙舟
的直舵不同，传统龙舟的舵是有一个弯曲幅度的，幅度大约
为三十厘米。比赛时，为了稳住舵，掌舵的人有时会把舵杆
夹在腋下或背在背上，防止爆舵（脱手）。舵上还会绑很长
一段红布，以便在龙舟大幅度转弯的时候使用，减小转弯半

长乐三溪村的传统龙舟。

径。龙尾栓则是舵上的一个小装置，用来辅助尾舵转向，又叫舵斗或旗杆斗。有些龙舟会在龙尾栓上插本境令旗。简单的龙尾栓只在上面画些花纹作为装饰，讲究一些的会雕刻成鱼形，名为鲤鱼栓。而最具福州特色的龙尾栓，则是精雕细刻成神将的形象，站在船尾护舵。这个神将通常是境社主神手下的兵将，被派去船上护佑平安。

六

　　从前，龙舟的配件都有专门的工匠制作，比如洋头口、茶亭一带有做锣的、做鼓的、做令旗的，尚干一带有做桨的，象园头有做龙舟头的。这些老行当随着城市的改建拆迁如今基本都消失了，而这些最能代表福州龙舟传统与特色的龙舟头、柳叶桨、舵斗，也都面临着日益严峻的传承缺失问题。

　　有些是自然而然的淘汰，比如有些传统龙舟头造价昂贵。方绍晃先生提到过他们制作的一个龙头，选用的是真的鹿角，是去长白山采买的，一对要十五万元，这样的龙头注定只能成为孤品。有些则是龙舟运动发展带来的必然。新组建的龙舟队通常以竞赛健体为主要目的，训练用的都是标准龙舟，日常并不配龙舟头，比赛时所配龙舟头使用的也大多是套模产品，价格便宜。这样一来，传统龙舟往往只在端午节时才划，有时，本村还凑不齐比赛人数，便只能作罢。老龙头往往搁在并不遮风蔽雨的仓库中渐至朽坏。

　　形态各异的龙舟头虽然也在日益减少，但每年端午竞渡的时候，大部分还能看见。而柳叶桨则没有这么幸运，基本已经退出了龙舟舞台。自从被碳纤维桨取代后，它们大都被收进仓库，几年甚至十几年不见天日，渐渐为人们遗忘了。

闽侯上街沙堤村德州金鼻老龙头。

乡村路旁弃置的老龙舟。

龙

舟

词

典

现状 传承 信俗 沿革 水域

福州城内有一百零七条内河，放眼全国的大城市，纵然依水而建，也是大江大河型的较为多见，而像福州这样自古内河水系发达的，就较为稀少。福州近年来在沿江向海的大战略之外，也日益关注内河水系在城市格局中的重要性，越来越重视内河文化的发掘整理。对标国内以内河水系闻名的城市，比如绍兴，就会发现，城市内河更适于文化性的表述，更能帮助城市走出"千城一面"的困局。在福州的内河文化中，龙舟文化是重要的组成部分。福州的龙舟传统与内河有极大的关联，若叶梦得"凡有井水处，皆能歌柳词"所言非虚，那么"凡有流水处，皆能扒龙舟（福州话，即划龙舟）"也定非妄言。我从2016年开始划龙舟，其后几年，走访了福州大部分传统龙舟队。如果以定位的方式形成一张路线图，那么这张图覆盖了福州大部分内河水域。这种寻访带给我一种观察城市的全新视角。那些隐藏在老街区、大桥下、公园内、境庙旁的龙舟队，傍水而生，有些已经有几百年的历史，而这座城市中的大部分人，甚至对他们的存在一无所知。我曾在旅游网站上看到一篇游记，讲述在福州旅游时常常在内河岸边看到停放龙舟的建筑和水里龙舟划过的景象，十分新奇，于是作者问道："福州是一座龙舟盛行的城市吗？"底下评论中的许多福州人回答："并没有。""你确认这是在福州吗？"当然，龙舟游弋之处岂止内河，福州的地理环境也造就了其江河湖海上皆有龙舟的独特样貌。有一个非官方的统计数字，福州所有水域里的传统龙舟和竞技龙舟，加起来不会少于五千艘。这样一个庞大的龙舟王国，是如何蓬勃传续，又是如何隐匿于城市之中的，确实是一个有趣的问题。

琼东河畔的蛤埕庵。

西湖

明万历《福州府志》卷五载："西湖在城西三里，周回十数里，抱郡西北。晋太康中，太守严高所浚也。"可见福州西湖开凿于晋时，至唐末已颇负盛名。

西湖受纳西北诸溪之水而通闽江，如堙塞则害及郡城西部百姓，故疏浚之事无代不行。比如常为后人提到的清道光七年（1827 年），林则徐丁父忧回福州，见西湖被豪民占为农田，原本二十余里范围仅存七里左右，遂倡议重浚西湖。

水面宽阔的西湖一直是福州龙舟竞渡的中心，"湖天竞渡"可谓福州传统龙舟文化里最耀眼的符号。西湖水域境庙林立，像是祀护国平灵王的怡山境、祀高洪马三将军的陆庄境、祀小土梅状王的象山灵显境、祀金将军的西岳善应境等，都保存得很完整。在这个高度城市化的区域，简直是一个奇迹。

西湖观"龙"，可窥得福州龙舟之神髓。西湖龙舟的龙西湖龙舟俱乐部日常训练。

舟头素有"牛头马面"之说，意即这里的传统龙舟头形态丰富、完整，颇为可观。从古至今，西湖周边许多村庄的龙舟都会齐聚西湖斗胜。早前西湖本境指的是湖西侧西门一带的五个自然村，分别是湖头村、高峰村、荷亭村、后浦村、官家村。湖头村境名湖头境，祀齐天大圣，龙舟头为红马；高峰村境名湖堤胜境，祀玄天大帝，龙舟头为新金龙；荷亭村境名荷亭灵显正境，祀玄天大帝，龙舟头早先为老虎头，后改为虾龙；后浦村境名后浦境，祀临水陈夫人，龙舟头为金龙；官家村境名官家村境，祀白马王，龙舟头为白马。

但西湖龙舟竞渡，每年的参赛者不仅限于本境这几个村，广义上的西湖水域，包括陆庄河、白马河一带的龙舟，都会沿内河而来，比如北面的华大村北湖龙舟队，通湖路上文藻山的龙舟队，白马河沿岸小柳、斗池的龙舟队。北湖的龙舟头是犀牛，文山村的是飞蛟龙，小柳村的是大王龙，斗池村的是金龙。西湖整葺修建了关闸后，白马河上的龙舟没法再从水路进西湖，才改为从陆上运过去了。

除此之外，西湖龙舟队的"亲家船"也会来，像是湖头村红马龙舟的"亲家"是水部柳宅，从前每年端午他们都会从琼东河转安泰河经西门水闸入西湖参与竞渡。最热闹时是五月初五，西湖水面上有三十余条龙舟"湖天竞渡"，岸上

西湖官家村白马王庙。

西湖水域龙舟的龙舟头形态极为丰富。

观者可达万人。

西湖龙舟端午下水前要举行"采青"仪式，就是将鲜嫩的青草放入龙舟兽首的口中。龙舟兽首采青衔草，意思是吃饱了有力气下水，更是祈愿来年风调雨顺、生机盎然。

过去几十年间，传统龙舟的命运几经起落。二十世纪六十年代，各境社的龙舟被毁，端午节划龙舟的传统也由此中断。那个年代就算生活在西湖边，大家也不敢提起下水划

　　龙舟。这样的情形一直持续到 1984 年。

　　西湖龙舟竞渡恢复的第一年，西湖周边涌进了六万人观看。在那个没什么娱乐的年代，每年划龙舟就是一次村民的狂欢，想参加的人很多，甚至不得不限制兄弟多的家庭，只能有一两个男丁加入龙舟队。

　　然而从二十世纪九十年代中期开始，西湖周边的村庄快速城市化，古老的境社与宗族体系迅速瓦解。拆迁将原住民

在西湖上常年坚持划龙舟的，大多是龙舟俱乐部里的年轻人。

分散到城市的各个角落，城市建设将乡村的街巷格局改换殆尽，内河淤塞萎缩，信俗文化断代，传统仪轨被轻慢、简化乃至消亡。

龙舟在这样的时代大潮中也无法幸免，大家发觉，一条三十六人的龙舟怎么都凑不齐人，而且西湖周边各家龙舟队尽皆如此。于是，每年端午在西湖竞渡的龙舟越来越少，船上鲜有年轻人的身影，曾经龙精虎猛的龙舟慢了下来，成了西湖游客眼中的民俗表演。

这样的状况直到 2011 年才开始缓解。那一年，中华龙舟大赛落户福州，央视直播刮起了一阵龙舟热。2012 年，左海龙舟文化园落成，位于左海公园内东侧，由原来的龙舟房改建而成，将西湖、左海周边的官家村、湖头村、高峰村、后浦村、荷亭村、华大村六个村的各类龙舟集中存放展示，供市民参观。由此，福州地区龙舟传统文化的传承地标，再次回归西湖。

上 | 左海龙舟文化园 2012 年建成，位于左海公园内东侧，是
福州市首个龙舟文化园。
下 | 左海龙舟文化园里的龙舟房。

白马河

　　环绕三山的水网形成福州古城"三纵三横"格局，北起西湖口，南入闽江的白马河，便是"三纵"之一。这条近五公里长的河，串起左海、西湖、闽江三大活水，两岸风景如画。

　　西湖经水闸出湖南流，即为白马河。白马河最大的特色，就是桥多，沿线有二十二座大小桥梁，建造年代从明代一直到现代。

　　与河同名的白马桥是清代同治年间由做木材生意的商人们集资所建。如今的白马河河水平缓如镜，但在古时候并非如此。闽江之水按海水潮汐出入城内。每当涨潮时，江口宽而河身窄，波涛前阻后推，又与南流之水相撞，便水势奔腾，响声如雷，十分壮观。"白马观潮"乃是"南台十景"之一，诗云："雷鼓匉訇白马驰，观涛旧有广陵矶。那知榕海三春景，赛得钱江八月奇。"为控制水流，以利蓄泄，古人建了若干关闸。白马河水流经的第一处关口，就是西水关水闸。

白马河沿线有多支传统龙舟队。

　　西水关水闸位于白马北路安泰河和白马河交汇处，修建于元至元三十一年（1294 年），可将西湖水和白马河水注入安泰河，提升内河通航能力，方便沿线商户运送货物。白马河曾是福州"城中可通舟船之河"，举足轻重，设西水关水闸可控制水量，均衡旱涝，自然也为沿岸村落的龙舟竞渡创造了良好的水域环境。

位于帮洲的妙峰金龙社青白蛇龙舟管委会。

　　白马河上最负盛名的龙舟便是帮洲的青白蛇了。青白蛇
龙舟源自洪塘妙峰燕山祖殿三帝行台。现在去洪塘渡口，可
以看到一组洪塘乡贤壁绘，其中第八幅所绘即为"龙舟竞渡
青白蛇"。青蛇白蛇是五帝部下，五帝系驱瘟除疫之神明，
福州民间谚语曰："九庵十一涧，五帝驱瘟疫。"传说五帝
中的刘帝非常爱看划龙舟，所以青白蛇龙舟的龙头里会安放

妙峰金龙社重塑五灵公仪式。

他的神像，每年端午让刘帝一起巡游全境，观看龙舟竞渡。这个说法在妙峰三帝行台的简介碑刻中有详细记述："历代每年五月端午节及六月中旬分两次众柴船帮和乡间诸姓集此龙舟竞渡和搞六月会做送香。因殿立山顶为龙舟上落溪、驱瘟出海、巡游保境、进出宫编排方便，特靠洪江边设此行台。共四部堂分三十几堂，原分工：张帝由柴船帮、钟帝由篦梳帮、刘帝管妙峰金龙社青白蛇两龙舟由柴船帮、史帝由蚬仔帮、赵帝由沙赵渔船栅网帮负责。……庙左傍龙舟厝。"

福州市水运公司是新中国成立后组建的，许多员工是洪塘人。他们自小在洪塘划青白蛇龙舟，到城里工作后，自然而然便将妙峰青白蛇带到了水运公司所在的帮洲。所以，福州谚语有云：洪塘竞渡青白蛇，夺胜福州苍霞洲。

整体来说，青白蛇龙舟船身为龙头凤尾，龙舟头依然是龙，但脖子部分的鳞片比较小，所以是龙头蛇身。龙头后部有一个空洞，用来放置神像或香炉，这也是极为少见的。

当年，青白蛇龙舟的划手多是水运公司的工人，他们平常干的是铲沙等重体力劳动，力气比较大，划龙舟很有优势。1978年刚刚改革开放，金龙社就在南平做了一条青蛇龙舟，后来又做了一条白蛇龙舟。他们是北港一带最先恢复划龙舟的。其后，青白蛇龙舟开始参加福州周边各地渐渐恢复的各

青白蛇龙舟的龙舟头和木浆。

项龙舟赛事，并闯出了名声。

1982年，青白蛇龙舟参加了闽清龙舟比赛。闽清沿江两岸的梅雄、大溪、北溪、安仁溪、大箬、溪口、渡口、梅埔、石湖和城关都置有一两条龙舟。每年农历四月底，各村龙舟纷纷下水，由各村宫庙或家族召集人牵头进行训练。五月初一起，闽清沿江各村轮流做东道主，互相邀请开展龙舟友谊赛，还邀请邻近闽侯县沿江的小箬、大目溪、白沙、黄塘、竹岐、甘蔗和古田县沿江的水口、湾口、莪洋等村庄龙舟队参加。那一年，共有三十七条龙舟在闽清参加了1200米竞速赛，白蛇斩获冠军，青蛇名列第六。

1983年，青白蛇龙舟在闽侯白沙参加比赛，共有三十多条龙舟角逐，最后白蛇、青蛇包揽冠亚军，威震赛场。有意思的是，那一年冠、亚、季军的奖品分别为猪、羊、鹅。

可以说，直到二十世纪九十年代初，青白蛇龙舟都有非常辉煌的战绩。随后，龙舟运动有了全新的发展，竞技概念逐渐被引入，福州的传统龙舟生态受到了很大冲击。这一时期，福州市水运公司引进了挖沙机等大型机械，解放了劳动力，青白蛇龙舟在划手体力上的优势渐渐丧失，加上没有跟进龙舟运动技术的更新迭代，声势不如从前了。

不过，帮洲是福州传统龙舟文化保存得比较好的地方。

上｜妙峰金龙社里停放着多条青白蛇龙舟。
下｜二十世纪八十年代到九十年代初，青
　　白蛇龙舟都有非常辉煌的战绩。

旧时，每年农历四月初一，青白蛇龙舟都要"龙舟鼓转头"（抬着龙舟头游境）、请神、举着令旗去上下杭"采莲"。到了五月初一，龙舟下水。从初一到初三，龙舟"亲家"相互拜访、行香；若在江面上相遇，他们还会燃放鞭炮，遥遥致意。走完"亲家"，就迎来端午竞渡的高潮了。

白马河上历史悠久的还有彬德桥"十八位将军"龙舟，龙头凤尾形制，柳叶桨上的图案为福龙和八卦，舵上绘鲤鱼图形。

彬德桥始建于明代，因为最靠近闽江，所以彬德桥成了白马河上的"第一桥"。彬德桥也是福州目前保留下来的少有的平梁与拱桥结合的桥梁，二墩三孔不等跨，船形石构桥墩。这种造型既体现了拱桥的美观，也便于大型船只过往通行。彬德桥上有座小庙。庙外插着旗子，庙内的香案上供着鲜花、蜡烛。庙里供奉着琉球十八位将军的神龛，他们是这里的地头神。

这十八位琉球国将军据传在明朝时镇守该桥，这也表明该河港早年与琉球等国有着密切的海上往来。十八位将军中，后来有五位殉难，分别是：柳曦、何懋森、王宸、邓芝星、陈万清，五位将军被明太祖朱元璋敕封为"英毅忠烈王"，并赐"护国振威"匾一方。最后回到琉球国的只有十三位了。

当然，这只是"十八位将军"来历的一种说法。据三保社区提供的资料，十八将军庙原址在帮洲竹林酒库旁，"文化大革命"期间才由民众集资改建到彬德桥旁。对于该庙纪念何人何事，也有多个版本。另一说，是为纪念划龙舟时落水的十八个人。从这种说法来看，彬德桥下划龙舟的历史，一定是十分悠久了。

帮洲一带著名的还有广慧庵龙舟。旧时白马河沙洲众多，帮洲、义洲、苍霞洲，港汊纵横。帮洲一带居民有不少以水路运米为业，成立了米帮。古时福州城内有"九庵十一涧"之说，每个庵都有自己的龙舟，帮洲境内为广慧庵，因此这里的龙舟命名往往与二者都有关，比如"广慧新米龙"。

往上游走，白马河上著名的还有斗池和小柳的龙舟。

斗池，是池塘如斗的意思。古时这里是福州西南"十八洋"之一，田野池塘与村落交错。斗池的境神是九案泰山，九案泰山是对福州九案泰山府的简称。南台十三乡共同奉祀东岳大帝（又称泰山神）麾下温康俩都统为主神，称温泰山、康泰山。所以虽然乡民奉祀的并不是东岳大帝，但也叫"泰山府"。

这一信仰已有四五百年历史了。明清时期，十三个乡各有分堂，有的一乡为一案（即神案），有的则两三乡为一案，

上 | 白马河上"第一桥"彬德桥。

下 | 彬德桥上的神龛里供奉着琉球十八位将军。

"十八位将军"龙舟的桨。

停放在广慧庵里的龙舟。

斗池山五大元帅庙在社区里，龙
舟房也因地制宜地设在社区里。

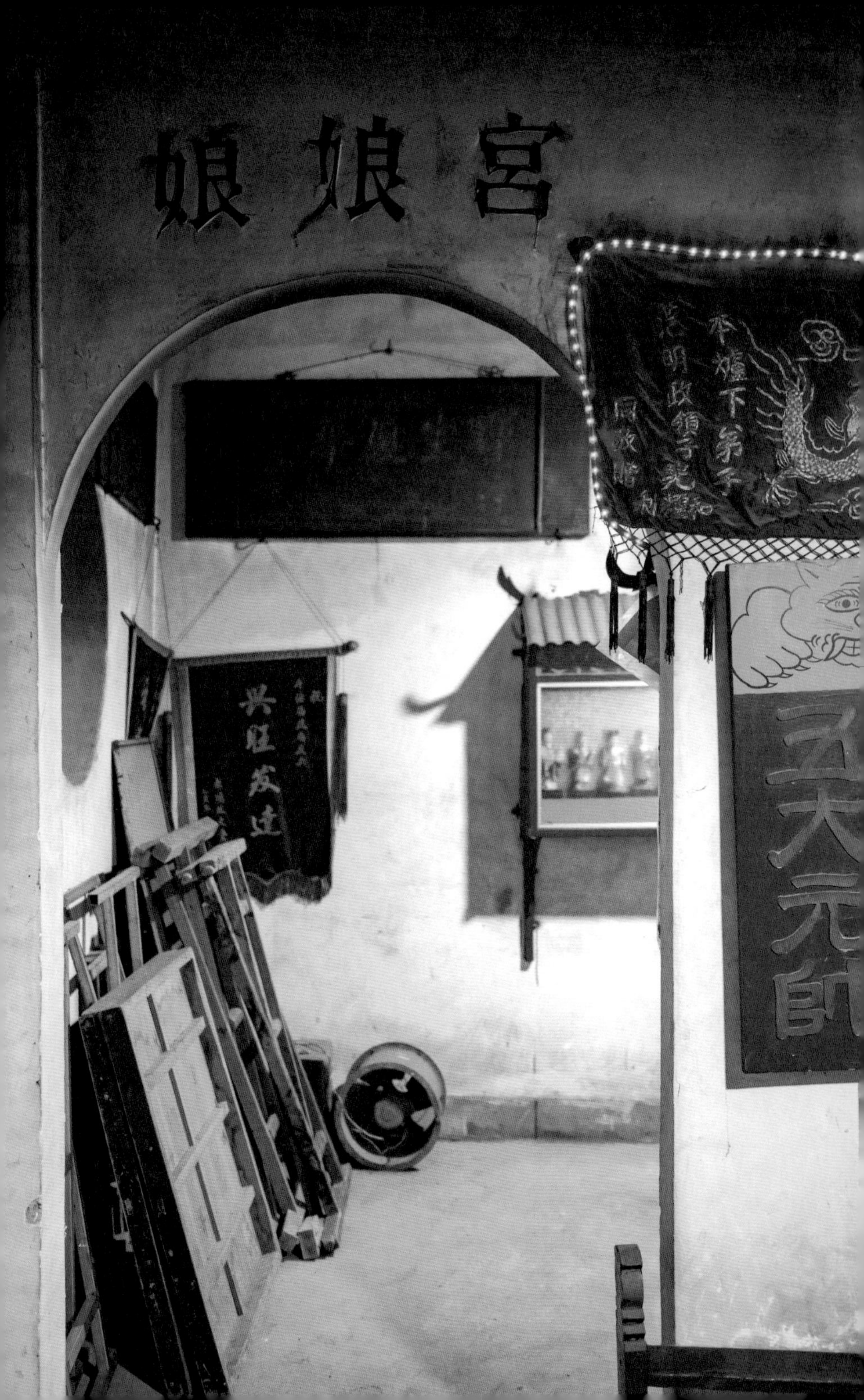
宫娘娘
兴旺发达

合起来总共九案，即太平山案、浦东案、浦西案、洋炳案、河上案、教场坂案、西营案、西洋案、斗池案，所以民间也称"九案十三乡"或"九案十三堂"。百姓为了区别东岳泰山府，就把温康俩都统的府邸叫作"九案泰山府"。

九案泰山的"辖区"大体位于现在福州台江区西北面和鼓楼区西南面的交接地。从前十三乡属于南门外，所以和城里人的信仰不太一样。城里人信仰裴仙师、田元帅，更倾向于祈求富足顺遂，而城外的农民畏惧疾病，害怕死亡，祈求一切平安稳定，形成了对泰山神的信仰。所以古时城内泰山府比较少，常见于城郊。

小柳村的境社为河东护民境，因紧邻白马河，一直有自己的龙舟队，新中国成立后一度因"破四旧"而解散，1992年重新组建。2014年小柳路周边旧屋区改造工作启动后，小柳村千余名村民迁居福州各处，但只要端午临近，从微信群里得知村里要闹龙舟，村民即使搬到了新店、金山、湾边一带，也会不约而同地回到村里。

右上 | 小柳河东护民境东门朝着白马河公园。
右下 | 小柳河东护民境。

每年农历四月初一，小柳村村民都要抬着龙舟的龙头，举着小柳龙舟队的队旗，敲锣打鼓，在小柳村巡游一圈，是谓"龙头游境，锣鼓醒龙"。到了农历五月初一，办完仪式，装好龙头，吃过"龙舟饭"后，众人便推着龙舟前往西湖下水。

白马河水域很广，除上述龙舟外，还有浦西境福寿宫一带以及南天门玉封风关亭金仙姑祖殿 "龙庆大将军" 龙舟等，就不一一赘述了。

右上 | 南天门玉封风关亭金仙姑祖殿。
右下左 | 金仙姑祖殿龙舟头。
右下右 | "龙庆大将军"旗。

琼东河

　　我最早知道琼东河，是因为大翻译家林纾就住在河沿的莲宅乡。他曾这样描绘，"琼河本居水部门外，水木明瑟，万绿上下，清池平畴，河水溅溅"，极状河水两岸的美景；更有诗句形容河居生活的惬意："莲塘有客作田居，临水垂杨画不如。"后来我开始划龙舟，更知道莲宅是福州龙舟的老字号。

　　史载王审知筑罗城，后又修夹城，凿护城河，其城东之濠就是此河，古时习称旧河，清代后称琼东河。古时琼东河南北纵贯福州城区东部，半过城区，半流城外，是古代福州漕运、百货进城出城之通道。千百年来，州城内外水上运输多赖此河，因此河上舟船如梭，水运繁忙。

　　从前，琼东河上行船，北上可由安泰河过西水关入西湖，南下可由晋安河、光明港入闽江，因此，琼东河上的龙舟在南北港都交游甚广，颇负盛名，著名的龙舟队有柳宅、莲宅、琼东河古代是福州漕运、百货进出城的通道。

蛤埕等。

　　旧时，福州东郊外是一片"翠浪吞平野"的良田，明代徐㶿《冶城怀古》诗曰"四野桑麻八闽郡，千村灯火万人家"，写的正是此景。昔日水部门外的柳宅村即位于此。清代学者郑开极《琼河看莲》诗云："远树晴烟一望收，柳阴林立控骅骝。红蕖片片流香影，不逐东风到御沟。""柳阴""远树"之句，似隐含柳宅村名的来由。

　　水部柳宅从前包括柳宅、土山、萧宅、燕桥、龙华、马祖宫、陞桥下、泮洋八社，范围大，乡民众多，划龙舟的历史悠久。

　　1980年后水部柳宅多次组织队伍参加市、区在闽江、远洋、西湖等水域举办的各项赛事，曾在西湖获亚军；1992年参加福州市首届招商月在马尾港举办的民间龙舟表演赛，又捧回奖杯，这使得柳宅龙舟在江面上颇负盛名。特别是水部柳宅获胜后设计了著名的"A"字柳叶桨，更是一时传为佳话。

　　水部柳宅的龙舟还有另外一个著名的故事。"破四旧"时，全市的龙舟毁坏殆尽，而柳宅的村民们将毛主席像放在龙头的位置，然后划下水，造反派们不敢动手，于是他们巧妙地保住了龙舟未被锯断。

莲宅龙舟的几代传承人。

左｜莲宅龙舟会栖身于社区内。
右｜老城区里的很多龙舟，都只能在狭窄的空间里寻找安身之处。

莲宅境名普济境，这里的龙舟历史也很悠久。

柳宅龙舟能发展至今，得益于二十多年前成立的柳宅龙舟会。这是一个自发的民间组织，有十六名勤务人员，负责整个村庄的龙舟事务。柳宅龙舟会每年在开展龙舟活动时，基本不向个人收所谓"题洋""乐助"，只在个别年份向龙舟爱好者收取过一些象征性的"船饭费"（十元二十元不等），这在福州村落境社的龙舟事务运作中显得十分难得。

水部柳宅的龙舟"亲家"有"万寿柴龙""西湖红马"，邻乡的莲宅、吴颜，以及浦下龙舟队等。莲宅境名为普济境，主祀北极主宰玄天上帝，神诞三月初三。莲宅龙舟的历史也很悠久，由斗战胜佛齐天大圣护佑，龙舟头为青龙。而莲宅龙舟的"亲家"除水部柳宅外，还有燕桥水仙王和西湖官家村白马龙舟。可见，琼东河一带的龙舟与西湖的历来交好。

蛤埕龙舟是琼东河上另一支声名卓著的队伍。关于蛤埕这个地名的由来有两种说法，因为牵涉此地龙舟之盛的由来，所以略作援引。说法之一，蛤埕源自琼东河上从前一个重要的码头：高陞桥码头。旧时福州称码头为"道头"，码头的名字一般都称作"某某道"。比如台江原本有六个道头，即位于大桥头的太阳道和南道，位于台江的泗佛道、潘公道、尚书道和婆婆道，这六个道头算是福州最古老的码头。码头边上堆集货物之地，俗称"埕"。据说从前在水部高陞桥码

头河岸边的大片场地上，堆满了从闽江下游、沿海一带运来待售的蛏、蛤、蚶、蚌、牡蛎、淡菜等贝壳类海产品，成为旧时福州的贝类批发市场，其地因此俗称"蛤埕"。

文史爱好者齐上志老先生说，零售商从这里批发到的海鲜，由琼东河运进水部门，经安泰河抬上安泰桥码头，在福州最繁华热闹的南大街售出，摆上人们的餐桌。"前街（南街）买蚶，后街（南后街）买灯"的童谣，前半句说的就是这个。

蛤埕龙舟房。

这种说法也受到了一些质疑，原因大致是历史上高陞桥西南侧虽然有个道头，叫"水部道"，但只是一个小型的内河码头，受潮汐影响根本停泊不了几艘船。而历史上福州还有个道头叫"蛏船道"，地名叫"蛏船坞"，听起来更像是贝类批发市场。

关于"蛤埕"的说法之二援引《辞海》中对"埕"字的解释，"福建、广东滨海培育蛏类之田"，故"蛤埕"二字

沿岸摆放的蛤埕龙舟常能唤起行人的好奇心。

的意思就是养蛤的田。福州有个词叫作"蚬埕"，指的是生长或养蚬子的地方，以此类推，则"蛤埕"大约就是养蛤的地方。

无论这两种说法哪种更为合理，有一点都是相同的，那就是此地原住民都是逐水而居，长于驾船。因为无论养蛤还是运蛤，船这种交通工具都万万不能少。

福州这个地方的龙舟，平常出入以船为主要交通工具的地方，历史上的战绩都比较好。比如从前以打鱼为生的翁八帮吴颜、划船去种田的尚干淘江村落、南通大樟溪上捕鱼的疍民，都天生是龙舟好手，因此，蛤埕一带龙舟兴盛也就在情理之中了。

蛤埕龙舟的船尾画莲花，寓意蛤埕村是传说中的莲花宝地。这个说法不仅寓意吉祥，好像也真给蛤埕的龙舟带来了好运。1942 年，蛤埕村造的那条龙舟，据老人们回忆，拿下了至少五次的福州市龙舟赛冠军。那条老龙舟船身宽 1.4 米，长 18 米左右，是村里所有龙舟中船身最宽的一条。"文化大革命"时期，村里人担心老龙舟被锯断，连夜划着它出江，藏在"马尾虾龙"的龙舟房里。这一藏就是好多年，直到"文化大革命"结束，他们才把龙舟划回村里。

高陞桥边的水部蛤埕庵有一副对联，上联"蛤号名庵高陛桥畔传胜迹"，下联"埕环广厦琼水河中看龙舟"，生动地点明了龙舟之于蛤埕的重要。如今蛤埕村里的新老大小龙舟已有近二十条。二十世纪八十年代中期，由于拆迁，从蛤埕总堂先后两次，各分出一条龙舟，在王庄新村成立王庄蛤埕，在海潮寺旁成立海潮蛤埕。后来在海潮蛤埕的基础上，成立了福州蛤埕龙舟俱乐部。当初成立分舵时，约定三家对外一致用"蛤埕"这个名字，龙舟头一律采用黄色的朝天龙，并规定令旗为白色缎面的三角旗，围以黄色的绶带，旗子中间绣黑色的"蛤埕"二字。

蛤埕龙舟的"亲家"有汤涧龙舟、荷亭龙舟、水仙王龙舟、文山龙舟和马尾虾龙龙舟，都有几十年的"亲家"史了。

北港

在关于福州龙舟历史的描述中，南北港是最常被提到的名词。形容一支龙舟队厉害，常常用"南港第一""北港第一"这样的说法，而能用到"南北港第一"，那就是称霸福州的意思了。这个说法要从何谓闽江说起。

闽江之名起始于宋《三山志》卷三十八，其所录福州郡守叶棣诗中有一句"为问闽江船钓客"，但似泛指闽地的江流，而非专指。明清文人在诗文中仍多称大江、长江、长川，或称诸溪之水。即使是后来，在闽江这一名称确定下来后，各江段实际上也还有不同的地域性叫法，如岊江、洪塘江、金锁江、阳岐江、螺女江（螺江）、峡江、马江（马渎江）等。

闽江流至福州市境内，在南台岛北端的淮安分为南北两支，通常称为南北港。往北经洪山桥而下的叫白龙江，也称闽江，俗称北港；往南经洪塘大桥的叫乌龙江，俗称南港。两江到城门镇马杭洲并流为马江，经琅岐岛入海。

北港一带的水域。

北港自古商贾云集，民生繁盛，一直是福州龙舟竞渡的另一个中心。民国后，如果说西湖竞渡着重于传统性与观赏性，那么北港的龙舟竞渡则更接近现代的体育赛事。

1946 年 6 月 4 日，省立福州公共体育场在福州南台（从亚细亚码头至第一码头）举行福建省各界龙舟比赛大会。三十余条龙舟参加角逐，下洋龙舟队获第一名，帮洲龙舟队获第二名，沿江两岸观众达五万余人，时任省长刘建绪颁发银盾（铝制空心，表面镀银，类似的还有金盾）给优胜船队。

1953 年，新中国成立后的福州市首届龙舟比赛举办，各区共选拔十一条龙舟在闽江比赛，两岸观众数万人，最终万寿魁龙队获得冠军。此后一直到 1965 年，福州每年都举行全市性比赛。

可以说，北港一带的群众对龙舟的热爱是传承悠久的，比如"文化大革命"后，各村纷纷筹款造龙舟。全村只有三千余人的浦下村当年就新造了十八条，这也奠定了未来浦下龙舟缔造传奇的基础。1980 年，福州恢复了中断十五年之久的全市性龙舟竞赛，地点依然选在北港的闽江江面上，四十多条龙舟千余名划手桨击中流，宣告了龙舟运动的新生。

北港龙舟中能说出确切历史年代的，是鼓山洋里龙舟。据陈和实老先生说，洋里龙舟已有五百八十多年历史。

江边龙舟当年在北港组织的比赛中基本上都是冠军。

洋里村坐落于鼓山脚下，从前叫莲村，因村落为水环绕，状若莲花而得名。洋里龙船船号"洋里新魁龙"，一向在北港活动。每年的端午龙舟季从四月初一"龙舟鼓转头"开始。五月初一，要请洋里的地头神——供在山上平楚庵中的七爷神下山坐船头，保佑划手平安，同时祈求七爷神坐镇龙舟助力夺魁。

请神具体的仪式大致是：吉时到平楚庵，在一张红纸上，横批写"仙瀛境"，正文竖写"七爷神"神号，焚香祭礼后贴于木板上，将七爷请下山供于仙瀛境的庙中。比赛时，队员举着船旗，敲着锣鼓，两位做头家的同行，带着礼品，敬香焚纸后，将七爷请到船上；到初六再将七爷请回山上。

从前洋里比较穷，生产队没资金，陈和实老先生回忆说："记得我只有七八岁时，我与同伴抬着竹篮，去每家每户去'捡米'。"捡米又叫"讨米"，是旧时端午节划龙舟筹措经费的一种方式。各家各户依据家中经济状况出钱出米，集体做"龙舟饭"。

洋里新魁龙在北港以快出名，出名到当时南港福连莲洒村都来洋里借这条船，和上过《福州日报》的著名舵手吴兴泉一起去南港参加比赛，一共借了五六年，每次比赛不是第一就是第二。

上｜甲水仪式前的准备，包括按传统装饰龙舟和准备仪式供品。

中｜洋里村甲水的新龙舟，在龙舟中段鼓的位置用竹枝做拱门。

下｜甲水仪式结束后，村民分发糕。

有意思的是，帮别人比赛能拿第一，但从 1953 年到 1969 年，虽然全市人都夸洋里的龙舟是好船，洋里人在自己参加的比赛里却从没拿过第一，都只划到第二名。据说主要原因是每次决赛都要抽签，闽江水流西边一至三航道有些顺流，中间四至六航道平流，东边七至十航道逆流，洋里总是抽到七至十航道，所以虽然船快，但航道不好，夺冠的运气总是差了那么一些。

新魁龙这条船除开参加比赛，五月从初一到初四都不下水，到初五那天的九十点钟时，新魁龙才下水，还要先将生猪油抹在船底，说是这样能让船划得更快。陈和实老先生回忆说："像我这一代人，从来没有划过这条船，因为是个宝，没资格上船。"

端午划龙舟的战绩是各村的大事，所以洋里的龙舟训练也很火热。以前村里的食堂有两张很长的条凳，三十二人坐成两列，跟着锣鼓声训练。晚上不点灯烛，大家拿的桨上绑着点燃的香，很容易看清楚是否划得整齐，就这样每天练到半夜。白天的训练用手扶拖拉机，运两车沙，两人一组，用码表计时，看谁铲得快，每个人都非常积极。

1973 年时，洋里全村人又筹钱在旧庙边做了一条龙舟。当时"文化大革命"尚未结束，某些人对这条船虎视眈眈，

洋里村的龙舟头。

叫村民拆掉，甚至举报。村民于是将龙舟半夜划到南港寄存，一段时间后才划回洋里放在凤坂河，暂时用于过河。直到"文化大革命"后，洋里才恢复划龙舟，但后来时代变迁，城建拆迁，村民分散，洋里龙舟便渐趋落寞了。

江水涨落，龙舟辈出，"文化大革命"后，龙舟运动呈复兴之态，在北港出了一条被媒体称为"常胜将军"的龙舟，这就是号称"北港第一"的江边村的"锦江黄龙"。

江边村东临南江滨，西邻高湖，南接浦下，北邻先锋村，辖南社、珠浦、上道、雁头四个自然村。江边郑氏系仙游南湖郑氏的后裔，按族谱，他们都是世称"南湖三先生"的郑淑先生的后裔。北宋末年，郑氏先祖移居江边村。此地为锦江境，古称锦江村，后改名为江边村。从古至今，枕水而居的江边人就热爱划龙舟。

据老辈人讲，新中国成立前每年端午龙舟竞渡就都有集训，除了直接在闽江上训练之外，还特别在晚上加练，也是把香绑在桨上，划手坐在板凳上，黑夜中，划得齐不齐一目了然。新中国成立后，江边人对龙舟运动越发重视。江边村从事重体力劳动的人比较多，体力好，就连盖山镇分派民工去晋安河开挖河道，江边人都是最快挖完。用老辈人的话说："只要有体力，木排都划得走！"好体力加上兴趣高，江边村的龙舟队那时就很出名，在北港组织的比赛中基本都是冠军，"锦江黄龙"的名号一时无两。

当时那条黄龙龙舟也是一绝，和一般龙舟船身请乡间画师绘制不同，江边人请了后来担任福州工艺美术研究所副所长、福州漆画研究会会长的郑益坤先生来作画。郑先生在船身上画龙，画好后栩栩如生。记者来采访，形容这条龙舟下水后，船上所画的龙像是活过来了一样，浮在水中，蓄势待发。

除了龙舟，江边村的龙舟头也十分有特色，所辖南社、珠浦、上道、雁头四村的龙舟头，分别是锦江黄龙、雁头新黄龙、南社红龙、珠浦白龙，均存放于锦江境大王宫内。

"文化大革命"开始时"破四旧"，要求各村把所有龙舟都毁掉，村长郑民谋死活不肯，想尽办法要把龙舟保下来。他们晚上偷偷把龙舟放到水里，希望它漂走，结果第二天一看又漂了回来，无奈只好另想办法。后来他们把龙舟埋在田里、偷沉于江中或存于草丛间，终于逃过一劫。

"文化大革命"后，江边村重新组建龙舟队。1981年前后，江边村开始了具有专业体育运动训练特色的龙舟集训。在旧的筷子厂里，划手们进行全封闭式训练，吃饭、训练、睡觉都在里面，不准回家。他们还专程去广东找了当时技术更为先进的广东龙舟队训练录像回来研究。与时俱进给江边

江边锦江境大王宫内存放的南社、珠浦、上道、雁头四村的龙舟头。

龙舟队带来了更多荣誉，难怪是常胜将军。

二十世纪八十年代，江边村举办过一次"江边杯"龙舟赛。就在闽江上开赛，比的是从鳌峰洲面粉厂到"二桥"（闽江大桥）两三公里的长距离。当时，一等奖的奖品是一台大电视，被放在台江客运码头，观者如云。最终，江边队获得第一名，浦口队和船身上画着飞机图案的义序队获得第二名。

龙舟竞技化时代来临后，江边龙舟队依然成绩突出。2015 年、2016 年、2017 年江边龙舟队连续三年在中华龙舟大赛传统龙舟赛上夺冠，这一纪录已经足够创造历史了。

北港龙舟不但在福州龙舟的历史上举足轻重，在如今龙舟向竞技化时代迈进的浪潮中，也是勇立潮头。比如堪称"福州龙舟名片"的浦下龙舟队，1984 年创建，其后从国内划向国际，声誉日隆，战绩彪炳，形成广受中国龙舟界关注的"浦下现象"。哪怕是职业化趋势愈演愈烈的今天，浦下龙舟队也依然挺立潮头。再比如三县洲龙舟队，过去五年里，其参与创办的福州龙舟俱乐部友谊赛，一直都是福州龙舟界最重要、最热闹的民间赛事之一。

江边村地标泰山宫。

光明港

　　光明港河道的历史并不长，自诞生至今仅有八十多载。许多上年纪的福州人，对它的问世都记忆犹新。1935 年，因福州市民历来生活用水均依赖内河，而榕城郊外东南部水系不甚发达，市民用水颇感困难，为改变这一状况，福建省建设厅选择在龙潭角筹建自来水厂，同时开挖光明港，作为内河中的骨干河道。如今的光明港西起新港水闸，东至魁岐九门闸，再汇入闽江，串起新港河、晋安河、凤坂河等城区重要内河，全长六千多米，最宽处达到百余米，是福州市最大的一条骨干内河。河道宽，水源丰沛，水量充足，流速平缓，便于行船，也适于在河面上开展大型的体育与娱乐活动，比如划龙舟。

　　光明港的水道虽然是新的，但沿岸的境社神庙却是历史悠久。从前，他们的龙舟活跃在新港河、连潘河、凤坂河、浦东河、磨洋河、瀛洲河一带，然后端午去北港的江面上竞光明港水道开阔，十分适于龙舟运动。

在光明港穿行，龙舟是沿河风景不可或缺的部分。

渡。自从光明港水道开通以后，每年端午前后，象园、凤坂等地的龙舟队就会划进光明港一决高低。在福州，除了西湖，在光明港一带看见各种造型龙舟头的机会是最多的。海潮寺的龙舟头是虾龙，象园的龙舟头是大象，翁八帮吴颜庙的是马龙、鸭姆洲广应白马王爷庙的是白马等等。

要说到光明港比较传奇的龙舟，首推天仙府海潮寺。海潮寺至今保存着一尊清代康熙年间的龙舟头，龙和虾的造型巧妙地融合在一起，色彩鲜艳如初，人称"虾龙"。这尊有三百多年历史的龙舟头相传是马尾海潮寺赠送的，乃是镇寺之宝。

马尾海潮寺为什么要赠送龙舟头呢？这得从天仙府海潮寺的来历说起。清康熙年间，每逢端午节，如今光明港一带的信士香客就乘船前往马尾海潮寺进香看龙舟。久而久之，乡间诸人认为应在本地建寺。于是1943年，欧、江、陈、林、郑、连六姓共商建海潮寺事宜，并在排尾破土动工。

天仙府海潮寺殿前有两个抱龙青石大香炉，甚为罕见。寺中还有多副楹联，如"海腾鱼虾逐波跃浪灵公显天意，潮涌苍龙登云驾雾五帝展神威"，表明这里供奉的主神是五灵公，即五帝。寺内还附祀内阁李总政、督察丁巡捕、兵马大元帅、朱七爷、陈八爷、福德正神等神灵。

康熙年间的虾龙龙舟头，平常被放在保险箱内，保存十分完好。

　　天仙府海潮寺划龙舟还有祈祷风调雨顺的意思，求龙王爷不发洪水。每年农历四月底就要开始选拔划手，并举行祭神仪式。多年来，海潮寺龙舟队捧回了"三山杯""屈原杯"等许多省、市级比赛的优胜奖和风格奖。

　　光明港南岸的翁八帮吴颜庙龙舟也颇传奇。先说一下吴颜庙里的吴颜爷，吴颜爷是吴阳和颜平圣的合称，系汉武帝年间神祇，相传是汉闽越王郢麾下得力部将，曾敕封"护国

太平王"和"太师""红白舍人",民间俗称"酒神"。据《藤山志》记载:"汉武帝时闽越王郢侵南越,朝廷命将伐之,郢弟余善杀其兄以降,郢将侯、马、吴、颜四人自杀于二块石(三叉街万安境郊外)。"

　　还有一种说法,传说当年闽越王郢第三子白马三郎驺寅,在鼓岭西麓鳝溪潭中舍身为民除害射鳝,人、马与鳝俱亡,被洪水冲走,郢命吴、颜二太师寻找其躯体下落。可怜两人

翁八帮吴颜庙龙舟房。

从东门外来到南台来来回回寻找多日未果，只好在当时还是小渔村的沁港一带喝酒解愁，醉了睡，醒了再喝，不敢回去复命。后来闽越王把他们招回去，没有责怪，但怕他们喝酒误事，就下令以后每年只准在正月十五痛饮一次。

能佐证这个传说的，是南台中选至后洲每年农历正月十五元宵夜迎吴颜爷的习俗。福州人奉吴颜为"酒神"，游神时轿子上系着马铃，身穿武生黑衣的"马史"扛起"马轿"不停地上下摇晃，模拟出骑马时的颠簸之态。周围的信众喊道："吴颜爷醉了吗？"轿夫壮丁们听到这话，马上就会回答："吴颜爷没醉！"

翁八帮吴颜庙的龙舟不是自来就有的，这里面还有一个分炉的故事。古时候，中选吴颜庙（祖庙）置龙舟，但缺划手，便邀请翁八帮村民去划，结果常获胜而归，且给两境带来平安。久而久之翁姓族人便将吴颜爷的香火请回村中，自同治年间分炉奉祀至今。

翁八帮吴颜庙的龙舟很兴盛，从前五个生产队共有十六条龙舟。这里的村民自古就在万寿桥至马尾罗星塔一带的江

右上 | 翁八帮吴颜庙。

右下 | 庙内随处可见龙舟物件。

翁八帮吴颜庙因拆迁，搬到临时地点，龙舟也因地制宜吊在桥下存放。

面上以捕鱼为生，力气大，水性好，用不着怎么训练龙舟就划得很威猛。翁八帮吴颜庙做新龙舟定龙骨时，有个别处比较少见的传统，就是龙骨要去七寸（锯下七寸长的一段木料），然后用红布包起来，置于神案之上。

此外，吴颜龙舟还有"封龙目""开龙目"的习俗。每年端午过后，龙舟出水上架安座，要将龙头请回庙里"封龙目"，到来年端午前，再把龙头请出"开龙目"，准备下水。这样做是为了龙舟上岸后能好好休息，蓄精养锐，来年再战。

自古翁八帮的境社观念都极重，据说2013年翁八帮两名"90后"划手因为年纪小上不了船，一气之下去了别的龙舟队，最后还赛赢了吴颜，结果两个人被翁八帮的长辈抓到吴颜庙里罚跪。

新港河口的万寿龙舟是另一个传奇。万寿龙舟源于境内的万寿桥，这里是福州传统龙舟队的发源地之一。河口万寿桥，也称小万寿桥，在福州交通史上占有特殊的地位。明清时，河口一带是琉球国贡船和各地贸易船只的集中靠泊地，曾盛极一时。明代时朝廷派驻福建管理海外朝贡的太监尚春发起修建了一座木桥，人称"尚公桥"。清朝康熙七年（1668年），鼓山僧成源和里人柯应寀募集两千余两白银建造石桥（捐助者中有"靖南王耿"，即清初三藩之一的耿精忠），

河口万寿桥，也称"小万寿桥"。

前后历时一年多。工匠们利用退潮水浅时砌基垒石，涨潮时以水的浮力将载于船中的千斤石梁架上石墩始成此桥，桥面平铺十二条石梁。

世代亲水，万寿境的龙舟文化源远流长。桥边的万寿总堂祀西天斗战胜佛齐天大圣，也记载了万寿龙舟的辉煌。相传早年间，"万寿魁龙"就曾经多次在福州坊间的龙舟比赛中取得优异成绩。新中国成立后，更是于1953年首获福州市龙舟赛冠军。"文化大革命"后"万寿魁龙"再现江湖，1985年在远洋河举行的福州龙舟锦标赛上夺得冠军。

直至二十世纪八十年代，从河口出发的龙舟仍然可以直接划到西湖，逢神诞或甲水，乡里人会划着龙舟到"亲家"村串门，欢喜上岸，敬香叙旧，鞭炮相迎，设宴款待。万寿龙舟队与浦下龙舟队是一对有三四代人历史的"亲家"。有趣的是，由于常来常往，五十多年前两地还真的有人结成了儿女亲家。

左｜万寿龙舟所在的境社祖堂。

右｜位于光明港的万寿龙舟俱乐部。

溪源江

闽江水域与北港相对应的，是南港，又称乌龙江，绕经闽侯上街、南屿、南通、祥谦、尚干五镇，最终与北港之水汇合于马江入海。乌龙江的支流有溪源江、大樟溪、淘江等，历来是龙舟兴盛之处。与城内相比，这里的龙舟更乡土、更彪悍、更狂野，习俗传承破坏得更少，堪称福州龙舟传统文化的活化石。

溪源江发源于上街溪源村，现发源地有溪源水库，下游经南屿水闸与南港相连接，河水流经上街多个村庄。每逢端午节，来自上街岐安、洋中、中美、浦口、六桥林、沙堤等村的几十艘龙舟每天都要在上街溪源江袁岐头河段竞渡。袁岐头河段也称袁岐头江，受到水库和水闸影响，有时水流小到桨可以戳到河床，所以端午节前需要蓄水调节。袁岐头河段有两大转弯处，又有两座横跨水面的桥梁，观看龙舟竞渡视野很好。2013 年之后，岸上的陌生人越来越多，长枪短溪源江沿岸。

炮来拍照，俨然已成为网红打卡地。

　　离袁岐头最近的应该就是美党村了，端午龙舟抬出来走几步就可以在袁岐头下水。美党村民都是林姓，据考证其中一支为"环珠林"。近三百年来，"环珠林"后裔从南屿东游里分迁到上街的美党、仁宅、尤境及福州城内诸地。

　　美党古属官坡境，境庙为泰山府，也称泰山殿，每年农历九月十三日做"半段"。据说美党村龙舟鼎盛时有十多条，每年农历四月底，村民会按照声望高低和出钱多少，列出候选名录选出"坐龙头"者，从初一到初五排定顺序。其中，初五这一天最为重要。端午龙舟每日下水前，"坐龙头"的人都要到泰山府祭拜请香，然后用伞遮着，请到船上。龙舟上岸后，还要将剩余的香火再请回庙里。

　　美党人从前也在南平造过龙舟，要花一天时间顺水漂划到侯官渡口，才能上岸休息吃饭，补充体力更换人员，再划至南屿进入内港。美党龙舟古时为龙头凤尾，船身亦有画牡丹的，舵上绘水纹，到2010年以后就比较少画复杂的花纹了。

　　美党村的新龙舟甲水仪式也很有特色。首先，新龙舟要有一条老龙舟陪伴，就像新娘子进门必由长辈导引一样。其次，新龙舟试水，要先往上游走，再往下游走，寓意要逆水行舟，敢比敢拼。坐新龙头的位置也有谦让的传统，比如出

美党村官坡境泰山府

美党村的龙舟。

港时老队长先坐，回来时某某再坐等。再次，美党村的新龙舟甲水仪式有扔粽子的习俗，扔得越多，寓意跑得越快。这种习俗在福州别处已经比较少见了。最后，新龙舟试水，要象征性地进行比赛，无论赛况如何，最终都要以新龙舟胜出作为结尾，以示吉兆。

在闽侯上街，林姓还有一个望族，就是"上街六桥林"。"上街"之得名，缘起后唐庄宗同光二年（924年）闽王增威武军都统使食邑，敕封其第为"上溪"，后化为"上街"。"六桥"之得名，乃因都统使府第周遭有水流，故造桥以渡，有合潮、玉浦、郑屿、温阳之名；后来，又于玉浦之阳别营一第，于左右造二桥，曰山后，曰玉丘，合上述四桥称为"六桥"。"上街六桥林"显赫于五代，称誉于后代，皆因其先祖林硕德自中原至福建屡立战功，有开发闽疆之功德。

据说，从前这一带没有龙舟，后来闽江涨水，洪水从南平冲下来一条龙舟，从此依此建造，才有了龙舟。"六桥林"一带的龙舟也有许多保存至今的传统仪轨，比如新宅村的新船甲水，会在龙头上插柳枝或荔枝叶，并在河边摆放供桌，供品通常为：猪头一只、鹅一只、粞（米浆制作的小吃）、粽子以及菜十碗。吉时到，放鞭炮，举火把沿龙舟从前走到后。备白公鸡一只，在鸡冠上剪一刀，血放到茶盅里，然后

上街云桥林新宅龙舟的老龙舟人。

新宅龙舟俱乐部位于兴琳寺内。

新宅龙舟的龙舟头和鼓。

给龙头开光，先开五官，眼、鼻、耳、口，再开其他。下水出发时，按上街一带的规矩，旧船先走，新船跟随，最后将仪式用的粽子分给众人以示吉祥。

上街龙舟的传承十分久远，若要以实物来佐证，那一定是沙堤村的金鼻龙头了。这是目前沙堤村德洲留存的最古老的一只龙头，据说已经有两百多年历史了。这里后来所有的龙舟头，都是仿照这只做的。

先说沙堤村，此地大姓为赵姓。福建的赵姓居福州者最多。靖康之难时，宗室举家入闽，居于福州。如今仓山天水村、六凤村，闽侯南港安头等地的赵姓族人，即为其后人。不过，闽侯县上街镇沙堤村赵氏，是在明代汉人重坐天下后，从广东先迁连江东湖里，再迁到沙堤的一支。

沙堤村分四片七社，四片为德洲、中洲、前街、后街，七社为大兴、大新、东一、西一、福祥、长兴、大进。据长者们回忆，从前在整个上街镇，沙堤的龙舟是比较多的，有二三十条，而其中最出名的是福祥社的十七段龙舟，有名的跑得快。江湖上有句顺口溜，"上港十七段，下港白马王"，"下港白马王"指的是岐头的龙舟，而"上港十七段"说的就是这里了。

传统龙头贴金敷彩，鼻子尤其醒目，因巨大而且呈金色，

闽侯上街沙堤村德州龙舟房。

因此沙堤的龙舟也被称为"金鼻龙舟"。至于为什么是金鼻，有种说法是"一金二青三红脸"，意思是金色的龙头最凶猛，其次是青色的，再次是红色的，所以金鼻龙头蕴含着刚劲凶猛之意。

长者们说，传统龙舟最要紧的就是龙头，船可以卖，龙头绝不可以一起卖掉。每年端午，从五月初一到初五，各个社轮流"坐龙头"、请香火。龙头是整条船的精气神，哪个社"坐龙头"，这个社的龙舟那天的成绩就特别好。旧时各个社坐龙头的顺序大体是：五月初一西一社，五月初二福祥社，五月初三大兴社，五月初四东一社，五月初五大进社。

过去每年端午将至，村里每家每户都要交钱或交米"做龙舟"。负责的人从宗本厝出发，敲锣绕村而行，每户交两毛钱或者相应的米，以供端午期间的开销。五月初一到初五，这五天是男人们最开心的日子，一年忙碌，这是不多的可以名正言顺不干活的时候。在那个年代，划龙舟算得上最高端的娱乐项目了。

闽侯县上街镇沙堤小学的赵秀明老师曾在《端午——五月的诗篇》一文中对从前沙堤端午竞渡的热闹场面有过传神的描写：

初一龙舟下水，男人们抬龙舟，老人、孩子、女人在一

沙堤村金鼍老龙头。

旁呐喊加油。晌午时分，福首（每个村庄每年安排几户人家充当端午节的主持）绕村敲一阵锣，龙舟队员带着自家的碗筷颇有些优越感地一起吃"龙舟饭"。饭罢，一行人先往"大王庙"请香上龙舟，祈求"守境大王"保平安，而后，登船，燃鞭炮。锣鼓震天中，龙舟离岸，全村男女在岸上跟着龙舟一路狂奔。

此时，各村参加竞渡的龙舟几乎同时出现在江面，锣鼓喧天，鞭炮齐鸣，无须组织却又极有纪律。两条龙舟碰面了，简单交流后，竞渡便开始。岸边早挤满了人，后来的人竟是无立锥之地。龙舟竞渡中又有不成文的规定，一般相邻村庄的龙舟是不赛的，担心茶余饭后闲聊时引起两村不愉快。

家乡每村都有华侨，他们对家乡的龙舟也很有感情，回乡总会出钱添置服装等装备，因此，每村的龙舟队都有属于自己的服装，竞渡中不必担心辨不出自家的龙舟来。

"上港十七段，下港白马王。"这两条声名最劲的龙舟，每年端午都要互相切磋。初一到初三，两边各划各的，初四那天岐头的龙舟上来沙堤划，因此，这一天莲渚江的龙舟竞渡就达到了高潮。江面上舟来舟往，岸上人山人海，鞭炮声、加油声、锣鼓声震耳欲聋。初五那天则是沙堤下去岐头回访，年年如此。

大王庙里珍藏的龙头之一。

初五龙舟竞渡结束，全村聚餐，荷叶包、香干、鸭蛋必不可少，福州话寓意"包乡间太平"。聚餐罢了，这一年的端午节才算是落下帷幕。

沙堤村著名的十七段龙舟老照片。

大樟溪

据福州的地方志记载："福州龙舟竞渡，台江、西湖皆有之，而苏岐特盛。"这里的苏岐，指的是大樟溪南港段。千百年来，南通和南屿两镇的龙舟都在这里活动。这两个镇子都是历史悠久、人文荟萃之地。南通养育了宋朝理学家陈襄、清朝邮传部尚书陈璧等，据传林则徐也曾在文山村弥勒山的文山书院攻读过诗书。南屿则在宋代出过户部侍郎林士衡，明代出过尚书黄镐，清代出过武状元宋鸿图，女作家庐隐也是南屿人。

这一带溪河网布，池浦星罗，大樟溪、峡江、金锁江、泽苗江、芹江、浩溪、潢溪、龙泽、古灵溪、清溪等纵横境内。择水而居的泽苗境便是南通龙舟传承的代表。

泽苗的大姓为张姓。闽侯张氏多为"凤池张"，属于"清河张"支系，始祖张睦为河南光州固始县人，唐末随闽王王审知入闽。唐乾宁四年（897 年），王审知奏请朝廷授张睦风景秀丽的大樟溪。

南通泽苗几代龙舟人合影。

为三品官，领榷货务，官邸建在福州城内凤池坊，自此张睦子孙后裔以"凤池"为堂号。其后，五世祖张仕僖迁闽侯水南，即今南通镇泽苗境。

南通龙舟最盛时有一百二十多条，泽苗自是中坚。泽苗龙舟不画花，只漆蓝白二色，尤以蓝色最为普及。从前大樟溪上画花的龙舟，皆为打鱼人或疍民家的。而且新船第一年不上色，只涂清漆，要等到第二年才上色。于是，在甲水仪式上，未上色的新龙舟龙头结彩，用红布蒙龙眼；待剪彩后，再由"坐龙头"的人取下红布。

甲水仪式一般在上午八时左右，赶来恭贺的各村龙舟都要划过泽苗桥。此时，桥上设了神案，摆放了贡品，各村的龙舟穿桥而过，然后在不远处掉头，再从桥下划过，如此往复三次，才算完成礼仪。而此时，桥上是禁止女人通过的。

在桥下绕了三圈的龙舟停靠岸边，大伙上岸吃"龙舟饭"，吃罢饭就要去大樟溪甲水了。南通的龙舟去大樟溪都要过上洲水闸，出闸的时间是要看水位来确定的，潮汐涨落，每日不同。泽苗境泽道村最近的一次新龙舟甲水，是2019年农历八月十九。当天龙舟中午十二点出闸，下午三点返回。回程后，主家于泽苗桥目送客人划船离去，甲水仪式才宣告结束。

泽苗境内供奉的神祇众多，比如凤溪村、盛美村供奉凤溪寺周总政、五位灵公，新亭村供奉云天宫三位先师，泽道村供奉华光大帝、五显公等。每年端午龙舟下水前，各村都要拜神做仪式请出本境的令旗，比如泽道村会以书写着"玉封五显临（灵）官长生华光大帝"的令箭前往庙里请出令旗，令旗上书"玉封华光五显大帝"字样。龙舟于五月初一下水，初五龙舟赛结束，龙舟也就上岸进"龙船厝"（即龙舟房）了。

与南通隔江对望的南屿古属侯官县，民居鳞次，廛市为西南诸乡之冠，因此素有福州"小中亭"之称。南屿在宋代曾名"水西"，盖因南屿地处乌龙江五通港之西。宋蔡襄在《荔枝谱》中载，（荔枝）"福州种殖最多。延迆原野，洪塘水西尤其盛处。一家之有，至于万株"。文中的"水西"即指南屿。南屿自古人杰地灵，而说到龙舟，则以江口、垚沙、窗厦为最盛。

江口村傍江临水，村民多姓宋，因村前大樟溪江水平缓如镜，遂取名镜江，村为镜江境，宋为镜江宋。又因村庄有明清以来通往福州等地的石埕道大码头渡口，故名曰"江口"。江口龙舟按房划分，有浦头房、南园房、新厝里、柯庄房、

右上｜泽苗境五显庙内景。
右下左｜泽苗龙头。
右下右｜泽道村的令箭。

石埕房，直到现在江口龙舟出外比赛，还是以此命名，比如"镜江南园房龙舟队"。

垚沙村，"垚"之字义为"土高貌"，指该村之月山；"沙"字指村畔浯江的沙洲。垚沙主姓为唐，其入闽始祖唐绮被闽王封为开国昭义大元帅，于福州鳌峰坊居处植石榴数株，故有"石榴唐""榴花唐"之称谓，石榴亦为唐氏之族树。后世族人迁居侯官县七都合林，也就是现在南屿镇垚沙村榴花片，称"浯江唐"。唐氏迁居始祖有一副对联"桐叶家声远，榴花世泽长"，后人取上联头两字"桐叶"及下联头两字"榴花"各为地名，风雅蕴藉，流传至今。

垚沙龙舟据说可以追溯到清朝，最盛时，四个村有三四十条龙舟。早年间还有"扒（划）早水"的习惯，因为午饭后只有身强力壮的好手才能上龙舟，所以年纪比较小的后生只能利用早上的时间过过瘾，叫"扒（划）早水"。这在龙舟兴盛时的乡村里很常见。

"文化大革命"时垚沙的龙舟大部分被毁，"文化大革命"后桐叶村率先发起造龙舟。当时村民生活拮据，只能少部分出钱，大部分出力。由于交通不便，大的木材无法运输到当地，村民就带着师傅到南平砍树、造龙舟，再带着干粮顺流而下漂至大樟溪，要历时一天一夜才能抵达。

　　南屿一带的龙舟还有"斗船"的习俗。比如江口南园房，每年端午时会去圣王宫掷珓，以决定要向南屿的哪一个村发起挑战。报出要去"斗船"的村庄名，若珓掷出一正一反，则意味着神灵选定了这个村。本村的老人会先前去知会对方，约定好时间和地点，被挑战的村庄一般不会拒绝。"斗船"当天，龙舟要先划去苏岐港绕一圈回来才可以开始比赛。而在垚沙，"斗船"时龙舟每次出江比赛，都要绕娘庙桥转两圈，并撒纸钱，以祈顺遂。

　　从前端午节时，南通、南屿两镇虽然都在大樟溪边，但不在同一片水域竞渡。南通的龙舟会在南通道渡头水域，而南屿则在镜江水域。除了这两个镇的龙舟，昔日来自永泰官烈、莒口、濑下，闽县江中、禄家，侯官湾边、阳岐、六凤等村的龙舟也会在大樟溪上竞渡，十分热闹。后来南港大桥建成，桥左右一公里的大樟溪江口至苏岐水域，江宽水深，是赛龙舟的好地方，此后南港（本节中的"南港"，指大樟溪南港大桥段）的端午龙舟竞渡就主要集中在这一水域了。

　　昔日南港龙舟竞渡按照惯例为每年农历五月初三下午，百年不衰，声势浩大。每于初三日，福州城内许多富豪商贾、官府要员都纷纷租船雇员，带家人来此观赛。民国年间，萨镇冰当省长时曾前来观看龙舟竞渡，还给优胜者颁发锦旗，

江口村南园房龙舟队的龙舟房在镜江公园里。

以资鼓励。时任国民党海军陆战队团长的唐岱鋆，是南屿垚沙人。他奉命镇守福州南港时，曾多次出面组织南屿、南通两乡在大樟溪上赛龙舟；除了率兵在沿江两岸担任安保，还自费购买洋伞、白扇、草笠、凉帽、背心等，并订制金盾、银盾等奖品发给获胜龙舟及参赛人员。

新中国成立后，南港也经常举办龙舟竞赛。1984 年和1986 年，闽侯县在此举办的"锦龙盛会"龙舟竞赛，省市领导都前来观战。1994 年闽侯县又在这里举办龙舟大赛暨旅游经贸洽谈会，盛况空前。

在南港观看传统龙舟，龙舟抢渡水闸是必看项目。因南通、南屿两镇龙舟均汇集于此，故溪上龙舟极多，盛时不下百条。但这些龙舟抵达前都要过一道关卡——水闸。南通龙舟要过上洲水闸，此闸建成于二十世纪五十年代，由于涨落潮的缘故，内河水位与大樟溪水位有落差。南屿的龙舟亦如是，划去大樟溪必要经过江口水闸。闸窄水急，有些龙舟还要逆流出闸，所以尤为惊心动魄，划手要齐心协力，比平时爆发出更大的力量，才能将龙舟顺利划进水闸，争渡场面让人血脉偾张。每逢端午，附近的村民都会将水闸两侧围得水泄不通，每有一条龙舟过闸，岸上都加油鼓劲，欢呼雷动。一日内百多条龙舟进出闸，欢声不绝，蔚为壮观。

上 | 四十年前垚沙村桐叶龙舟旧照。

下 | 大樟溪上的龙舟比赛旧照。

淘
江

　　淘江发源于青口镇联丰村相思岭，汇义溪、榕溪、苦竹溪之水，流经大义古渡、三十六湾、洋下、濑江，东通峡江（乌龙江），西连南港（大樟溪南港大桥段），由南向北，注入闽江。淘江从源头到乌龙江流经的区域过去分为七个村级区划，俗称"七里"，因以尚干为中心，故又称为"尚干七里"。

　　尚干一带自古水系发达、湾流纵横，种田人家每家每户都有一条小船，所以划船的技巧是融在每天的生活里的。人们跟龙舟的感情也很深厚。人民公社时期，尚干龙舟运动很是蓬勃。每年农历五月的初四、初五，当地都要组织尚干、青口、祥谦的龙舟队伍参加比赛。各队衡量自身的实力，自愿按照"甲等""乙等""丙等"报名参加。当时祥谦公社的书记黄彬还身体力行，在龙舟上敲锣，淘江上的比赛越发热烈了。

淘江水孕育了浓郁的龙舟文化。

　　说起尚干龙舟，最著名的就是东升村的虎仔龙舟了，当年那真是威震四方，堪称传奇。虎仔龙舟已有八十多年的历史。原本东升村只有一条龙舟，叫古白龙，后来村落繁盛，分出三支，因龙舟头的形态，合称"虎豹狮象"。其中东升四白龙的龙舟头是虎头，这就是大名鼎鼎的虎仔龙舟。当年，虎仔龙舟在福州乡间比赛中战果累累，近到七里三镇（尚干、祥谦、青口），远到马尾，跨江越水，征战南北港，获颁"威震闽江"的锦旗。

　　1986年，福建省龙舟调赛在福州举行，马尾、浦下、江边、远东、江中等队参加，闽侯尚干龙舟队划着虎仔龙舟获得冠军。同年6月29日，新加坡龙舟队首次来访，于西湖水面上与闽侯尚干龙舟队举行了友谊赛，主队获胜。1986年7月25日至28日，闽侯尚干龙舟队代表福建省应邀赴日，参加"长崎龙舟选手大会"，获800米直道竞速表演赛第二名，选手赛第二名，成为福建省第一支出国比赛的农民体育队伍。

左上 | 东升三白龙的龙舟头为豹子头。
右上 | 东升四白龙的龙舟头为老虎头。
左下 | 东升古白龙的龙舟头为狮头。
右下 | 东升过浦新白龙的龙舟头为大象头。

左｜虎仔龙舟曾经威震闽江。

右上｜冠军锦旗记载着赫赫战绩。

右下｜虎仔龙舟船桨。

虎仔龙舟头被收藏在桥亭的圣境庙里。

可以摆"龙舟饭"的东升文体中心。

螺江

　　螺江是乌龙江螺洲段水域，即螺洲门前的江流。螺洲自古交通便利，水陆两路有渡船和官道通达省城和马尾，门前深广的螺江贯通闽江干流，更可上溯下达。洲中分为店前、吴厝、洲尾三个村落，沿江筑屋，陈、吴、林聚族而居，三村文物如林，书声琅琅，人文荟萃，代有名贤，有"小福州"之称。

　　螺洲和螺江名字的来历，有一种说法，来自东晋干宝的《搜神记》中"谢端遇徐女仙"一则："闽人谢端少孤，于此得一大螺，如斗，置之瓮中，每日见盘馔甚丰。后归见一少女美丽，燃灶之次。女曰：'我是白水素女，天帝哀君少孤，遣妾与君具膳。今既已知，妾当化去，留谷与君。'其米常满，端得其米，资其子孙，因曰钓螺江。"

　　螺江江面宽阔，水流浩荡，自古便是赛龙舟的极佳水域，洲尾村可为螺洲龙舟习俗的代表。洲尾村境庙是泰山府，为江面开阔的螺江水域。

左 | 洲尾村境庙是泰山府。
右 | 洲尾村泰山府里收藏的龙舟头和木桨。

瀛洲祖殿泰山府分炉，供奉温康俩都统。洲尾村的龙舟为龙头凤尾，船身上画莲花，舵上画水纹和鲤鱼，龙舟头为朝天龙。

　　洲尾村龙舟有个传承多代的习俗，就是请香炉。福州有些地方的龙舟会请菩萨坐船头，或者将神像安放在船尾保平安，而洲尾村的习俗则是请香炉。每年农历五月初一，洲尾村的龙舟会划去闽侯南通的瀛洲祖殿泰山府请香。龙舟从洲尾划到南通，众人上岸，从码头去往庙里的路上，令旗开道，锣、香炉、头段两把桨依次随行。到达祖殿后，将香炉放在神案上，然后敬香行礼。每年这时候，庙里都有许多乡民来请香火袋和平安牌，开过光后再带回家。祖殿的庙祝都会特别交代，一定要将香火袋和平安牌放在上衣口袋里，而不能揣在下身口袋中。于是，带去请香的香炉中，插上了诸信众上的香，这对龙舟来说，是很吉利的兆头。

　　请香结束，香炉会坐龙舟返回洲尾的庙里。接下来每天竞渡时，这只香炉都会被从庙里请到船上，护佑龙舟平安得胜。龙舟上敲锣的地方有三个孔，刚好可以把香炉的三只脚放进去，固定住。有的龙舟会做一个凸起的小平台，平台上有孔洞用来安置香炉。因为每条龙舟放香炉的孔洞间距都是固定的，所以所配的香炉也是固定的，有的香炉已经传了四五代了。有时还会用铁丝再做固定，防止划得快时香炉翻倒。请香炉上船时，要撑起黑色的伞遮住香炉，龙舟过桥或者从房屋伸出水面的阳台下经过时，也要遮一下香炉，或者用锣盖一下。

螺江一带端午节主要在初三、初四划龙舟。螺洲龙舟下水时，要把两面令旗插在龙嘴里，还要再插两支香。龙舟出水闸去螺江的时候要撒纸钱，祈求安康。螺江上的龙舟竞渡还有一点很特别，那就是"坐龙头"的人是真的坐在龙头上的。"坐龙头"者通常是本境龙舟比赛的出资人，但在大多数地方，他们在龙舟上只能扶着龙头或抓着龙头的两只角站着。然而螺洲"坐龙头"的人，是真的坐在龙头的坐板上，威风凛凛，巡江竞渡。螺洲新船甲水的比赛则通常会放在五月初五，甲水的龙舟龙头上要挂光饼一串、白酒两瓶，还要将万年青，也就是榕树的树枝，放到龙嘴里"采青"。光饼和白酒都是由当年的"标主"提供的。

在螺江上划龙舟的，除了螺洲的村落外，还有城门镇、义序乡、江中村等，其中江中村的龙舟最负盛名。从前曾有一项统计，江中村全村四千余人，有十五条龙舟，按每条龙舟需要三十二名划手计算，则村民平均每八人中就要有一人参加龙舟赛。江中村位于乌龙江江中的龙祥岛，在这座岛上，华安境刘姓家族至今仍保留着"龙舟祭"的古老习俗。

左｜螺江一带龙舟上的香炉。

右上｜城门镇的尚书公龙舟（远处者）。

右下｜螺洲一带的龙舟是这样"坐龙头"的。

　　刘姓家族祖上原本居住在螺洲，为凤岗刘氏，明朝时迁至五虎山下的门口社（华安境）。刘姓先祖与同境诸姓合置龙舟，每年在淘江竞渡。到清末民初时，这支刘姓家族逐渐迁出，到蟹山洲、塔礁洲、螺洲尾、义序洲、王码头一带谋生，但"离乡不离祖"，每年端午他们依旧驾船聚集门口村划龙舟过节。"江中锣鼓响声声，锣一声啊鼓一声。十七十八声音好，三十蜀上破锣声。江中锣鼓响声声，锣一声啊鼓一声。男女老幼都去看，只剩兄弟在书厅。"这首《龙舟歌》描绘的就是当年华安境龙舟竞渡的盛况。再后来，余下的刘姓族人都迁到龙祥岛（旧称江中岛）上安家了，境名仍为华安境，即江中华安境。每年端午他们都要回祖地举行"再下水、祭祖"和"祭山祭神"仪式，逐步演变成独特的端午"龙舟祭"习俗，已有上百年历史。

　　仪式于每年农历五月初一（如今改为初三）涨潮时分举

右上｜江中华安境的新老龙舟人。

右下｜明代乡村以"境"代"社"称之，刘姓家族所居之地原先叫"门口社"，后称"华安境"。现在收藏于江口村玄天上帝庙的老龙舟头上就有"门口社"字样。

行。是日上午，水涨半潮，龙祥岛和塔礁洲刘姓家族的划手们吃完"龙舟饭"，便把船划到五虎山下门口村祖居地。龙舟靠岸后，先派人到祖地田间拔三株青秧，置于龙舟头。稷为五谷之长，青秧代表稷，此举意为将祖先土地上的"稷"带回岛上，祈愿五谷丰登。随后将龙舟尾舵搁于岸上，龙舟头朝向江面，进行"献纸祭祖"，奉香祷告。接下来，龙舟"再下水"，在狭窄的河浦里原地转三圈，此时龙舟头令旗飞舞，鼓锣大作，呼声雷动，鞭炮震天，以此仪式告慰祖灵。

"再下水、祭祖"仪式礼毕，龙舟划向江外，举行"祭山祭神"仪式。祭拜路线从肖家道村至岐头村，一路向东，共祭"一溪三山一寺"和地头列神。头祭五虎山牛姆溪及山神，二祭蟹山及山神，三祭象鼻山和尚书府（即水部尚书陈文龙庙）、巡天府（即乌脸将军庙），尾祭浮岛山和大王宫（今尚存）地头列神、玄帝庙（今已不存）、周都督庙（今已不存）。每到一个山头，龙舟头朝山，坐龙头的人先点香插在龙头上，再手捧黄纸向山祷告，接着挥舞令旗，锣鼓齐作，鞭炮齐鸣。

"一溪三山"祭毕，龙舟继续东进划向尚干淘江拜祭穆岭寺。传说某年华安境龙舟在尚干淘江竞渡，向穆岭寺里的五灵公祈愿，其后果然胜出，自此每年都来祭祀还愿，形成

上｜刘姓族人根据当年在门口村所居住的村落分两派，居西头过洋自然村（小垱）的叫"上片刘"，居东头门口村（大垱）的叫"下片刘"。"再下水、祭祖"仪式时，"上片刘"龙舟在门口村小垱原龙船厝处举行仪式，"下片刘"龙舟则在门口村大垱原龙船厝处举行仪式。

中｜从百年前的祖田中拔三株稻秧，置于龙船头，带回龙祥岛。

下｜龙舟头朝向江面，"献纸祭祖"，奉香祷告。

神俗。龙舟抵达穆岭寺江畔后，先将五色纸贴于龙舟头上，朝向穆岭寺烧香、献纸、祷告、顶礼，然后原地划转三圈，以报百年前显应神恩；最后在淘江水域竞渡几番，才算结束一天的"龙舟祭"。

龙祥岛华安境龙舟还保存着另一个福州传统龙舟习俗的重要见证物：状元印。状元印相当于如今龙舟比赛的最高荣誉，曾流行于洪塘浦以下、螺江以上水域的传统龙舟竞渡中。状元印外观是一个木制方盒，盒盖呈金字塔形，外饰金漆，盒内放有八种谷物的种子，称为"八子"，并放有铜钱等物。从前比赛时，终点处设有"标船"，状元印以黄布包裹，置于标船之上。第一条抵达终点的龙舟，会从"标船"上夺过状元印，由位于龙舟中央的鼓手举着，迅速向自己境社的方向划去，往往要等第二天再来取冠军锦旗。据说，这是为了避免当场发生争斗。江口村保存的这颗状元印，是当年在义江浦口的比赛中夺得的。

每年端午，螺江上龙舟云集，远远望去，最显眼的就是城门镇的尚书公龙舟了。尚书公龙舟的装饰与其他龙舟不同，龙舟中段的鼓边上立有一根竹竿，竹竿顶端挂着本境社旗，竹竿上有两根长绳，一前一后绑在龙舟的头尾两段，长绳上挂满三角形的彩旗，迎风招展，绚烂夺目。

不只是城门镇，长乐、马尾一带的尚书公龙舟，特别是老龙舟，也都是挂彩旗的。可见这是尚书信仰比较普遍的一种习俗。据说从前洲尾泰山府划龙舟是不能赢过尚书公的，就算赢也只能赢一点，然后停下来让尚书公的船先划过去。据老人们说，瀛洲泰山府跟尚书公祖庙很有渊源，泰山府要叫尚书公舅舅，所以划龙舟时一定要谦让。

螺洲人每年端午赏龙舟的最佳地点，是从店前村的妈祖前、江墘埕、大王前，一直到吴厝的轮渡码头，再延伸至狮公道。农历五月初四那天是最热闹的，滨江石道上除了本地人，更有不少从其他村子和市区专程赶来观看的人。

左 | 江中华安境保存的龙舟桨上，可以看到"祭山祭神"仪式中所祭拜的神明封号。
右 | 比赛时，"状元印"以黄布包裹，置于标船之上。岁月剥蚀，"状元印"上的金漆已不复存在。

位于玄天上帝庙旁的老龙舟房里停放的龙舟，在光影中有种魔幻感。

马江

　　地处闽江下游的马尾，所面临的这一段辽阔的江面又被称为马江。此处堪称福州门户，古时候从海上进攻福州均由此溯江而上直抵城下。

　　马江江面宽阔，水流平缓，是理想的赛龙舟水域，马尾龙舟据说已有五百余年历史。传说古时候马尾村民多以捕鱼为生，艰难度日，实无余财造龙舟，遂向海潮寺祈愿，祈求早日拥有一条龙舟。巧的是，过几日闽江上游发大水，一条龙舟被洪水冲至马尾。水路漫漫，流急滩险，而龙舟竟毫发无损，众人便以之为天意，遂留下此龙舟，名之曰"虾龙"。而划着向海潮寺祈愿得来的龙舟竞渡，也被视作答谢神灵的一种方式。据说这条龙舟十分通灵，有一年发洪水，村民眼见着龙头被冲走，扼腕不已，谁知数日后龙头竟然又漂回来了。村民一致认为这是神迹。

　　二十世纪六七十年代，马江是闽江下游长乐、闽侯、仓马江水流平缓，十分适于龙舟比赛。

山等地龙舟端午必到之地，再加上马尾本地的龙舟，江面上总会有四五十条龙舟竞渡。那会儿马尾每年都举办龙舟锦标赛，赛道起点在现在的江滨路一带，终点为马尾造船码头，计约十公里的赛程。比赛时，每四条龙舟为一组，出发后间隔一小段时间再上四条一组，如此接续，不多会儿江面上便千桨击水、百舸争流，锣鼓声、号子声、鞭炮声、呐喊声响彻两岸。岸上观者如云，摩肩接踵，马尾江边从马尾造船厂、马尾码头到旺岐境江边一线人山人海，福马路上更是水泄不通。旺岐境福马铁路的台阶路基成了天然看台，在那里可纵观竞渡全貌，更是早早便被人占领。一连数日，江上岸边尽皆癫狂。

当年马尾旺岐境的虾龙、鱼龙两条龙舟，闻名闽江下游，名气据说还胜过后来如日中天的江边和浦下，常常在端午的锦标赛上夺回锦旗。每当五月初五赛事结束，两艘龙舟高举冠军锦旗，一路从台江划回马尾，都要在江面上巡上一回，威风八面，岸边的市民欢呼雀跃，燃放鞭炮，喝彩不绝。

左上、右上、右下 | 马尾尚书公中洲分庙。
左下 | 中洲分庙收藏的龙舟桨、鼓。

马尾境内河汊纵横，有磨溪、马鞍溪、水塘溪、双头溪、三合溪、上溪、水带溪等十四条溪流，溪边村落龙舟盛行，也颇多传奇。比如磨溪旁的"儒江白龙"，是儒江村的元老级龙舟，曾斩获诸多赛事荣誉。新中国成立前，儒江村里，郑、朱、倪是大姓，龙舟大抵是一姓一条，人称"郑魁龙、朱江龙、倪白龙"，其中"倪白龙"服役时间最久。在那个饭都吃不饱的年代，龙舟都是村民自发集资造的。为了造"白龙"，村民特意购买了五棵大杉木，请来方庄的造船师傅，在外垱旧倪氏祠堂旁打造出这条长十八米共十六段的豪华龙舟。物以稀为贵，"白龙"自诞生起就被视若珍宝，村里青年要通过选拔，才能获得登舟的资格。

二十世纪六十年代的比赛，不像现在有人赞助、有丰盛的"龙舟饭"。餐食是用队员自带的大米煮的地瓜饭，只有比赛当天才能上酒家吃点好的，但也不过是草编饭配蚬子。后来，在华侨、生产队和蚬子厂的赞助下，"龙舟饭"才慢慢变得丰盛起来，有虾有鱼。那时没有汽轮可用，赛船是要众人一起划去赛场的。赛道在今鼓山大桥到解放大桥间的闽江江段，比赛当天足足要划上半个小时。

儒江龙舟队在十里八乡赫赫有名，儒江的划手也常被邀请去他乡帮忙。未经专门训练，上手就来的儒江划手能脱颖而出，要归功于当年的劳动生产习惯。以前村民要到茶洋山里种地瓜，路途比其他村远得多，种完田又要到河里捡蚬子，而且连捡蚬子都要逆流前行，无形之中练就了儒江人的好体能。

其后，儒江村集资建造了新船"儒江新锦龙"，二十世纪八十年代，村里又从三明尤溪定做了"虎龙""白龙""青龙""飞龙"四条龙舟，用船紧张的局面才得以缓解。虽然旧"白龙"退役了，但在儒江人心中，它的地位是永远不会被取代的。

马尾龙舟也是福州传统龙舟遗存的重要组成部分。

长
乐

长乐位于闽江口南岸，现在是福州市辖区。三国时，东吴在六平吴航头（今吴航镇）造船，置典船校尉，集结谪徙者在此造船。明朝时，长乐太平港是郑和七下西洋开洋地。因此，自古以来，长乐就与舟船有不解之缘。

依境内河湖水势，长乐龙舟分为静水龙舟与活水龙舟。静水龙舟多分布于下长乐，龙舟竞渡多在港、湖、河中，龙舟船身十三段，划手二十六人，锣、鼓、舵各一人，共二十九人。活水龙舟分布于上长乐，其船身十六段，划手三十二人，加上锣、鼓、舵及"坐龙头"者，共三十六人，与福州龙舟相同。

长乐龙舟竞渡地点分布极广，遍布全境，有马头、营前、岭南、沙京、东平、白眉、百户、沙尾、壶井、屿头、洋下、三溪等。其中以"三溪夜航"最为知名，又以"壶井环洲"最有特色。

长乐三溪村。

三溪村依山傍水，山叠嶂，水纵横，潼溪、南溪、北溪穿村而过，村亦以溪而得名。相传宋庆元年间朱熹为避"伪学"之祸寓居福建，长乐进士张一渔与朱熹同朝为官，相交甚笃，得知朱熹南避，便于江田三溪村屏山之麓朝元观旁建紫阳阁，请朱熹讲学授课。该阁倚崖临溪，景色奇绝，有若桃源，朱熹曾题"溪山第一"四字勒于朝元观前的巨石上。

那时三溪一带"斗船"仪式烦琐，比如，四月初一开始就要擂鼓开殿门，祭香官神，造新龙舟，下水、巡境、收香、散河、洗港，而此时正值农忙，"人误地一时，地误人一季"，一连几天赛龙舟，多多少少都会影响田里的农活。时人颇以为苦，便去请教朱熹。朱熹思量一番，便提议"日间下地劳作，晚上龙舟竞渡"。大家一听，均以为然，自此三溪人赛龙舟便改为夜划了。

"自古龙舟日竞渡，独有三溪夜赛航。"不论传说真伪，长乐三溪夜航确实冠绝天下。每年端午节，夜幕降临，华灯初上，三溪两岸灯火辉煌，南溪的五座桥上观者如云。与其他地方"斗船"定要分胜负不同，三溪村的龙舟竞渡更像是一场全民狂欢，长幼人等皆可一试身手。当然也可以两两捉对厮杀，胜者晋级，如此往复，直到终局。

与"三溪夜航"不同，"壶井环洲"最重胜负。"壶井

三溪村里的龙舟房。

三溪村邦上龙舟队的桨和鲤鱼栓。

壶井龙舟船头部分做了特殊设计，主要是为了防撞。

长乐三溪村龙舟夜航。

每年端午，夜幕降临，三溪两岸，观者如云。

环洲"在壶井村壶井港中进行。史载,壶井村因"涨潮时,白波四侵,如壶在白玉盘中……又如海中仙岛有方壶",因此得名。旧时壶井背陆面海,沙京、旒峰、鹤上之水由壶井入壶江,再由壶江入海。因其地理位置开辟了壶井港,北连陈塘港,南通大海,是河运海运的中转港口,也是明清以来长乐输入输出粮食、海产品的主要口岸,曾"舟船如织,桅樯如帜"。

新中国成立后,由于围垦造堤,古壶井港逐渐废弃了,唯有名字保留下来。如今的壶井港中有一沙洲,为水中沙石堆积而成。正因为这块天然形成的沙洲,故而产生了独具特色的"壶井环洲"龙舟竞渡。

"壶井环洲",有人称之为"龙舟马拉松",但叫"双龙戏珠"似乎更为传神,因其规则为双龙之争:二龙分泊于壶井港中的沙洲两端,以锣为号,互相环洲追逐,以触及前龙尾舵为胜。2016年农历五月初七的环洲追逐中,两船互追一百五十余圈,仍未分胜负,可见"壶井环洲"是何等激烈的龙舟赛事。

环洲赛是持久战,所以也让壶井的龙舟与众不同。比赛中,龙舟队伍多把龙头拆下,舵手位亦较高,以防在转舵之时吃水太深,致使舟沉,而且舵位高更省力,因此一般的龙

特殊的沙洲地貌产生了特殊的环洲竞渡习俗。

舟不太适合环洲赛。要想在环洲赛中获胜，划手、舵手、锣鼓缺一不可。首先，划手要兼具耐力与爆发力。只有耐力追不上前船；只有爆发力，体能并不持久，无法撑到最后。其次，舵手至关重要。环洲赛中过弯技巧最为重要，好的舵手可以快速过弯，过弯时不致完全失去动力，浪费划手体力，因此，说舵手决定胜负走向亦不为过。再次，是锣鼓的指挥。锣鼓的节奏可以调节划手划速，是急是缓，是全力爆发，还是留有余地，可谓制胜关键，所以锣鼓手才是环洲赛上龙舟战略的真正指挥者。

　　长乐各地过端午的正日不一，壶井的正日为农历五月初七。全盛时，初七日有来自壶东、壶井、岐西、下吴、山顶、沙尾、新村、六站、二站、八站、洽屿、六林、旒峰等村的数十条龙舟环洲追逐，呐喊震天。这独一无二的龙舟竞渡，每年都在激情上演。

连江

福州有江、有河、有湖、有海，如果有流水处就有龙舟，那怎么少得了海上龙舟的胜景。2019 年 3 月，"海上龙舟竞赛（连江）"被列入福建省第六批非物质文化遗产代表性项目名录，这也是福州传统龙舟文化独特性的又一见证。

连江的筱埕、马鼻、苔箓等地均有海上赛龙舟的习俗，其中可以筱埕龙舟为代表。筱埕镇古称小亭，又称小埕，位于黄岐半岛南侧突出部，扼闽江、鳌江两口，历来为闽都沿海重镇。相传筱埕从明朝万历年间就有海上赛龙舟的传统，迄今已有四百余年历史。其起源或与当时的军事活动有关，比较有代表性的说法是：明朝廷为防倭寇侵袭屯兵于此，兵将多来自中原，端午节想划龙舟以慰思乡之情，而此处有海无河，唯有在海上划龙舟并传承至今。

不过，从筱埕镇筱埕村的相关记载看，岛上原本是有一条水道的，横穿全岛连通两边大海。以前外海风浪大时，村筱埕镇筱埕村海域平阔。

上 | 筱埕村龙舟房。

下 | 筱埕村"黄龙"龙舟。

民便在这条水道上赛龙舟。后来水道淤塞成为道路，被称为"龙舟巷"，1984 年改"巷"为"路"，即"龙舟路"。清朝时，筱埕村有四条龙舟，其中一条就来自龙舟巷，另外三条分别属于西门兜、沙角头和中亭路。

筱埕镇的定海村没有水道，所以从古至今都是在海上进行龙舟竞渡的。筱埕村和定海村每年各有四支龙舟队参加海上龙舟竞渡，以村民聚居的四个不同区域（即"片"）来划分，分别为黄龙队、红龙队、白龙队、青龙队。黄、红、白、青是有排序的，"黄龙"地位最高，这与以"黄"为尊的传统相一致。定海村称之为"四海龙王"。

和江河里的龙舟不同，海上龙舟要比普通龙舟宽二三十厘米，船沿高度则多出近十厘米，这样的造型更能与潮汐风浪对抗不易倾覆。

每年农历四月初一，当地人会将龙头请出龙龛，供奉一个月。筱埕龙舟的龙舟头与福州别处的颇有不同：龙鼻喷出一条水柱，长度有的几乎与龙头相当，一些水柱上还雕有龙珠。正如《庄子·列御寇》所言："夫千金之珠，必在九重之渊，而骊龙颔下。"这样的造型的确彰显了海龙的非凡气势。此外，有些老龙头更扁平些，据筱埕村的老人们说，这样的造型更匹配海上龙舟的船身尺寸。龙头扁而前探，迎风

筏埕村的龙舟头存放于江亭境文武太平王宫内。

文武太平王宫内的地下室存放着传承百年的老龙头。

面小，能减少阻力。

筱埕村的端午海上龙舟赛于 1989 年恢复，至今已举办了三十余年。定海村的"海上龙舟文化节"也已成功举办十届，在海峡两岸颇具影响力。从农历五月初一到端午节当天五月初五，定海村渔民暂不出海，全力投入海上龙舟竞渡。五月初一龙舟入海，每天竞赛八个回合。至初五晨，龙舟先赛一个回合，乡民称为"平安回合"；比赛时龙舟由南向北齐头并进、破浪而来，寓意财、福滚滚来，将气氛推向高潮。初六，全境龙舟"洗港"巡安竞渡，入晚开宴欢庆，才算是圆满结束。

定海海上龙舟赛，船身上清晰可见"定海黄龙队"

"定海红龙队"等字样。

随着中华龙舟大赛连年在福州举行，借助央视转播的巨大影响力，龙舟这项原本比较传统的运动渐渐添了新意。各家传统龙舟队纷纷转型为龙舟俱乐部，组成人员打破地域局限，训练也不再像以往仅集中于端午前后，而是日渐常态化、系统化、职业化。于是，福州人常常会在自己身边的内河湖泊或港湾河汊中，听闻龙舟咚咚的鼓声，一条条身姿矫健的龙舟成为福州人生活中日常的风景。

福州龙舟俱乐部地图

杂记　　异闻　　掌故

从前面的叙述中，我们可以看到，福州龙舟的地域性很强，因受村落地理、水域、神祀、宗族之制约，福州龙舟传统基本围绕自己的境社展开。但周边不同村落的龙舟，除了自己境社的仪轨之外，也会遵从这个区域某些约定俗成的传统。这其中，比较著名的就是"五门墩大哥"。

"五门墩"指古时万寿桥南、中洲岛向北数起的第五个桥墩。万寿桥就是如今的解放大桥，是闽江上最早的跨江大石桥。万寿桥从前并不是一整座桥，而是由万寿桥、中洲岛和江南桥三部分组成的。万寿桥的前身是浮桥，宋元祐八年（1093年），太守王祖道召集工匠以楞严洲为中心，南北各造浮桥一座，后楞严洲与仓前山之间又出现一道沙洲，就是现在的中洲，江面被一分为三，浮桥也相应改建为北、中、南三座。元大德七年（1303年），头陀王法助得元成宗嘉许奉旨募造石桥，该桥至治二年（1322年）始成，名为万寿桥。

后又在万寿桥南中洲岛与仓前间建江南桥，亦称仓前桥。

万寿桥的桥墩用条石干砌而成，墩的上、下游方向都呈尖角状，角部向上翘起，以利排水，民间形象地称为老鸦嘴。那里水流湍急，经常翻船，邑人寻短见也往往从此桥跳下。清人谢章铤有《万寿桥歌》传世，其中一句"上流排击疾于箭，老鸦嘴利争叫号"，形容的正是桥下景象。不知何年何月，有一孕妇从万寿桥上跳下，岸上观者以为其必死时，却不料从五门墩的位置跳出一中年汉子，将孕妇救下送上岸。众人一番忙乱，再去寻那救人汉子时，却是踪影全无。侯官知县张榜悬赏，也找不到这个见义勇为者，民间于是传说此为"五门墩大哥"所为。

北港自古是龙舟竞渡的中心，而划龙舟者最重平安，于是后来这一带端午节划龙舟时，各船每到五门墩附近便偃旗息鼓，由船上的头名划手拈香拜神。传说拜过"五门墩大哥"，龙舟就不会倾覆，遂相沿成为习俗。由此，白龙江、光明港、帮洲一带的龙舟也都有拜"五门墩大哥"的说法，就连马尾海潮寺的"虾龙"端午到台江海潮寺回访，也都要先到五门墩的神位前致礼后，才快速下行回转台江海潮寺敬香。现在，虽然桥已经改建，但"五门墩"遗迹犹存，每年端午，遵从传统的老派龙舟队依然会前去烧香礼拜，祈愿平安。

与"五门墩"信俗相类，凤洋将军庙也有这样祭拜祈福的传统。从前端午时，鼓山远洋周边村落龙舟下水，都要到将军庙拜祭。从五月初一开始，龙舟络绎不绝，要在这里烧香供奉后才能划去江上"斗船"。

俗话说"远洋鼓山边"，远洋在晋安区鼓山镇，位于鼓山西麓，原称凤洋村。据说，从鼓山上向下望，远洋一带形如飞凤归巢，因而又称凤洋。凤洋将军庙始建于明嘉靖年间，庙建凤首，宛如凤髻，所以俗称凤髻庙，庙内所祀的却是一位琉球国金将军。

相传金将军乃琉球国唐营人，原籍闽侯。明初，朝廷赐闽人三十六姓给琉球国，金氏亦为其中之一。嘉靖年间，国王尚元上表朝廷请求册封。金将军肩负护航重任，一路上冲破倭寇截劫来到福州，回闽侯认祖。两年后，金将军又奉命护航朝贡，船至闽江遇到风暴，他在护宝之时不幸落水丧生，尸体随潮漂入内港远洋。乡人捞起见其腰牌，知是金将军，将其尸体塑以金身，并建庙奉祀。

庙里供奉的金将军神像原本有两尊：正中的是木刻金面坐像，左边神龛里是肉身像，左手挟弓，右手执弹。可惜这尊肉身像"文化大革命"期间被人抬走，至今下落不明。两边偏殿一边供临水陈太后，一边供大王。

　　端午的时候，从初一到初五，远洋这一带的龙舟都要到将军庙里来烧香。龙船靠岸停好，船上要比赛的划手都下船，敲鼓、打锣，带上粽子、荷叶包，从东门进到庙里去烧香，然后把香火请出来，插在龙头上，再去比赛。

　　在闽侯"尚干七里"，濑江、淘江沿岸村庄的龙舟端午祭拜则是在周都督庙。中国民间，武圣关帝庙随处可见，而三国时期另一位文韬武略的大将周瑜，相关庙宇却极少。这座周都督庙位于祥谦镇洋下村的濑江北岸灞水边，据说这里曾是三国时为东吴造船的马江第三坞，如今在庙旁桥下停放的老龙舟船身上依然写着"马江三坞周都督"字样。

　　相传周瑜病逝后，时人敬之为神。东吴人在灞水边造船时，从周瑜老家安徽分炉周都督神位，以求平安。周都督庙面朝濑江，就建在临江的空地上，占地三千平方米。旧时尚干地区水运发达，这里是个码头。据村民张振伙介绍，早在宋朝时，这里就有规模宏大的三进庙宇，除了供奉周瑜外，还供奉一位陈千岁。至于这位陈千岁是何许人，村里的老人也说不明白，只道是位英雄。

　　后来几经毁损和重建，如今共有三座庙宇静静地矗立于此。中间最旧的那座庙宇是二十世纪八十年代重建的，门楣上书"灞水坞"三字；临江的那座建于九十年代，门楣上书

"周神长鹤"。这两座庙宇建筑面积相当，都只有十来平方米。它们后面是一座规模宏大的庙宇，双层结构，二楼的大殿里供奉周都督的金身。在殿内还可以看到洋下村的传统龙头——鸡头。

据村里八十八岁的老人林大振回忆，从他记事起，每年的五月初二，周都督庙都是尚干地区最为热闹的地方。那天，"尚干七里"的濑江、淘江沿岸各个村庄所有准备出港参加比赛的龙舟队都集聚于此，恭敬地给周都督上一炷香，祈求平安。为什么划龙舟要给周都督上香呢？有这样一个传说，或许可以阐明此习俗的来历。

相传明嘉靖四十二年（1563 年）农历五月初五，倭寇侵袭祥谦洋下湾，杀人放火，无恶不作。当地青壮年正在濑江里划龙舟，他们同仇敌忾，与倭寇做殊死的搏斗，闻讯赶来的戚家军与附近的乡民也纷纷投入战斗。但倭寇武器精良，又是有备而来，当地人眼看不敌。忽然一阵狂风刮起，一支举着"周"字大旗的队伍从天而降，杀得倭寇人仰马翻、尸横遍野。事后大家到周都督庙烧香，那"周"字旗帜还染着血。自此周都督庙香火愈发鼎盛。

当地有一种说法认为，周瑜喜欢划龙舟，其英灵仍在管理水上事务，因此，致祭后，龙舟们总要在庙前河道划上个来回，然后再到洋下湾竞渡。二三百条龙舟在濑江、淘江上穿梭往来，涌到周都督庙前的盛况，是何等的壮观！那时候，江面上常常堵船，而两岸挤满了人，大家都争相观看。

直到十几年前，由于濑江受到污染，加上水位急剧下降，江面上才不见了百舸竞渡的场景。龙舟赛也少了，到庙里上香的龙舟队自然也少了许多。最近几年，龙舟传统渐次恢复，又有不少龙舟队前来祭拜周都督，或在此举行甲水仪式，可见周都督在当地民间信仰中根基深厚。

龙舟信俗礼仪大部分源于祈福，但同时，也有因某些禁忌而形成的传统，比如北港"不划初五"。俗谚有云：一童童，二童童，初三初四扒龙船。初五龙船扛上岸，初六去看满天云。"童童"是鼓声的意思。北港一带一般是"划初三"，即初三是端午最重要的日子。为什么不划初一、初二呢？因为从前初一、初二很多龙舟队伍都在行香，对沿江的宫庙进行拜访，所以龙舟之间是不可以切磋较量的。至于为何到了初五这一天，北港习俗是不划龙舟的，这还得从清朝时期的一个传说说起。

某年端午，一名住在龙潭角附近的妇人声称自己看到船首的神龙低头吃龙草，便告诫丈夫切勿登船。见丈夫不信，她只好为他系上一根红腰带，任由他去了。后来，龙舟果然在龙潭角翻了船，所有的队员都沉入江中。妇人见状，在岸边号啕大哭，最终只有她丈夫一人浮出水面。从此，这一带的居民只在初一至初四出船，初五就安安分分地在家过节。

这个故事还有一点颇引人注意，那就是妇人为丈夫系了根红腰带。"红腰带"是福州龙舟民间传说的一个母题，在多地均有流传。比如义序尚保村有一则故事，讲的是一个孝子，母亲过世后他十分悲痛，但端午时他又要下水划龙舟，因此妻子十分担心他，在他出门时为他系上一条红腰带。结果这条龙舟翻了，只有系着红腰带的孝子的尸身浮出水面。

赛龙舟在江河湖海中进行，水性凶险，龙舟倾覆的事情时常发生，但在一些地方，因为龙舟倾覆却衍生出了特别的习俗，比如马尾琅岐的龙舟陆上巡游。

据说中岐村在清代一次龙舟竞渡中，龙舟到马限山莲花潭时沉没，无一人生还；亭江、琅岐一带的村民，在一次闽江口合北里十三乡龙舟赛中，也因海难事故船沉人亡，此地的龙舟竞渡活动因此消泯。后来，琅岐的一些村民为了过龙舟瘾，每至端午，必把龙舟抬到陆上巡游。于是，大街小巷村民云集，呐喊助威，锣鼓鞭炮之声不绝，同样欢天喜地，乐此不疲。

无独有偶，在连江筱埕镇东坪村有端午祭陆地龙凤双舟巡游活动，从某种视角来看，也是龙舟陆上巡游的变种。东坪村信奉五灵公已有三百多年历史，因每年五月初五是五帝圣诞，故结合端午衍生出独特的民俗活动，祈求风调雨顺、合境平安。

每当端午巡游时，数百名村民身着盛装，画着脸谱，穿行于街市，有负责扮神偶的，有手持龙虎旗的，有抬纸龙舟的，有演奏器乐的，一直持续到傍晚，随后将纸龙舟在海边焚化。这一习俗应与上文讨论的禁忌无关，而更接近于游神和"送王船"。

"结亲家"也是福州龙舟非常独特的传统，每支龙舟队都有自己的"亲家"。能结成"亲家"，通常有几类因缘：一是同姓，福州乡野宗族观念极重，同宗同姓、不同分支、不同地域的龙舟，因为有同一个祖宗，因而结成"亲家"；二是同信，福州民间信仰丰富，同一祖庙、不同分炉、不同境社的龙舟，因为尊奉同一位神灵，因而结成"亲家"。

第三种最常见，也最符合龙舟精神，那便是"同舟"。龙舟讲求情义，两村划龙舟的人，在水上竞赛或者见面时帮助过对方，比如对方的龙舟过来时，有为他们让道等友好行为，相互有好感，成为朋友，进而结成"亲家"。这样的"亲家"，在比赛人手不够的时候，还会互相支援，坐上同一条龙舟参赛，谓之"同舟"。

"同舟"的最高级别就是过命的交情了，比如蛤埕龙舟与燕桥水仙王龙舟"结亲家"的经历。二十世纪八十年代，蛤埕龙舟队划着龙舟要去马尾海潮寺烧香，经过五闸门时正好赶上开闸放水，因水流太急船翻了，幸得刚好经过的水仙王龙舟队出手相助，救起蛤埕的队员，于是双方结成了"亲家"。

"亲家"的往来，每年主要有如下几个日子：一是神诞，主家做酒或是做戏酬神，都会邀请"亲家"龙舟出席；二是新龙舟甲水，主家会邀请"亲家"龙舟前来共襄盛举，"亲家"会带着划桨、锣鼓或者毛巾等礼物前来，主家会请"亲家"吃"龙舟饭"，"亲家"龙舟会下水陪同主家新龙舟甲水。三是端午互访，互为"亲家"的龙舟会划船到对方的庙里烧香，主家放鞭炮迎接，落座茶叙，互诉一年来的近况，送走"亲家"后还要择日回访。这样的互访都有固定的日子和路线，比如西湖红马龙舟五月初三去光明港吴颜庙访"亲家"，会沿着西湖、白马河、茶亭河、琼东河、晋安河抵达光明港，而光明港吴颜庙的龙舟则在初四划去西湖回访。

这种"亲家"互访习俗最著名的要数光明港天仙府海潮寺和马尾海潮寺的龙舟互访。每年农历五月初三上午，天仙府海潮寺虾龙龙舟利用潮水下行到马尾海潮寺敬香，下午马尾海潮寺虾龙龙舟也利用潮水上行到光明港天仙府海潮寺回访。十多公里的互访途中，经过闽江沿岸各村村境都要停舟，敲响三通锣鼓，并"献纸"致礼。马尾海潮寺虾龙龙舟要先到台江万寿桥五门墩神位致礼后，再回转天仙府海潮寺敬香，才算互访完成。两地海潮寺的互访之所以如此知名，皆因长途互访，水路漫漫，颇见真情，所以成为民间信俗中"情义"的代表，世代传承。

这种"情义"也是福州龙舟传统文化的显著特征，儒家知礼守节、方正谦恭思想的体现。比如从前在江上"斗船"，切不可赢得过多，赢过三段就要息鼓，等后船赶上来再重新击鼓，以示互相尊重。

这种谦恭礼让的习俗，在一些杂谈逸闻中亦有记载。相传明代福清人林廷奎任杭州府同知，为官清正，深受当地百姓爱戴。任满启程回乡恰逢端午，杭州官绅士民推举在钱塘江得胜的雌舟挂"钱塘第一"锦旗为他的官船导航，并一直送到福清，以示对他的敬意。福清的百姓得知后，也派出当年优胜的雄舟挂"兴龙第一"锦旗到龙江口迎接。两舟夹护官船开过龙首桥，两岸观者欢声雷动。两舟随后便在江上比赛起来。雄舟有意礼让客人三分，雌舟也不好意思争先，一直难分胜负，观众喝彩欢呼愈发热烈。林廷奎感到由衷的高兴，便倡议停赛，两舟将"第一"的旗子互赠作为永久纪念。

从这个故事来看，文人的介入，让龙舟的信俗礼仪雅致化、文学化了。又如端午日贴"午时书"的习俗亦是如此。"午时书"是老福州特有的传统民俗，这是一种无横批的对联，由文人们书写后贴在自家的大门上，或赠送给邻里亲友。文人笔下的龙舟竞渡颇为豪迈，如："十丈龙旗，此时夺标应在我；满江鼍鼓，中流击楫有何能？"1931年九一八事变，日军入侵东三省，福州人民同仇敌忾，抵制日货，学生组织抗日宣传，市民爱国热情高涨。但一些官绅却无视时局，端午日仍在西湖乘彩船游乐。湖头街口怡丰酒库掌柜李名贤先生十分愤慨，当即书"午时书"一副贴在店门口："东省已沦亡；西湖犹竞渡。"附近市民击节赞赏，传为佳话。

与文人们的诗作相映成趣的，是福州的"采莲鼓"。每年端午将至，从四月下旬起，各境社便以两人为一组，边敲锣打鼓，边唱闽调（福州话）歌谣，到各家各户或店铺商号去募集龙舟竞渡的经费。他们所唱的歌谣就是"采莲鼓"。"采莲鼓"歌词四句一段，每句七字，词句押韵，朗朗上口。比如清末南街的"采莲鼓"唱道："手拍锣鼓响连天，采莲募款到街边。一枝蒲艾门前插，竹叶裹粽四角尖。蜀（福州方言，即'一'）间店号沈绍安，古董雅玩排堆山。脱胎漆器扬四海，店号创设乾隆间。"这段唱的是福州脱胎漆器的老字号沈绍安。再比如："宣政路上好排场，蜀间馆店聚春园，叽喳哗卜真有味，蜀碗名菜佛跳墙。"宣政路就是如今的八一七路，这段唱的是闽菜名店聚春园。

　　有了商家的赞助，比赛自然就有了彩头。旧时福州的端午节，台江龙舟竞赛"夺鸭"，场面尤为热烈壮观。端午这一天，台江码头边搭起彩棚，挂上锦旗，摆上奖品，一些商家富户则掏钱买了鸭子，待龙舟赛进入夺冠高潮时，便把鸭子放入江中，让游泳高手下舟夺鸭。哪个村子的龙舟争先，夺到的鸭子最多，为冠军，要授予锦旗、奖品。

　　文人诗词中对这一风俗颇多描绘。清末董子良《坞尾江楼观竞渡》诗云："耳边又闻爆竹声，争鸭夺标舟三五。"光绪年间进士陈海梅在《台江竞渡以鸭标赌胜负》里写道："许多桂楫与兰桡，鸭鸭浮沉近复遥。爱鹜争先如逐鹿，画船飞过两条桥。"诗中的"桂楫"与"兰桡"，指龙舟双方的划手，而"两条桥"则是"万寿桥"与"江南桥"。

　　有彩头的龙舟竞渡，不仅限于"夺鸭"。清道光进士董平章作十首《竹枝词》，其一为："凉船过处水生风，鳌鼓声喧万桨同。若个锦标先夺得，蒲葵扇系手巾红。"并附注：

"土音呼斗龙舟为扒凉船，好事者以巾扇为标，系竹竿插岸上，众舟鼓楫争光，以得为荣。鼓声、锣声、人声共，水为之沸。"说明当时的龙舟竞渡是以巾、扇等为奖品的，名曰"锦标"。清光绪年间林孝颖作《端午日台江观竞渡》："衣香扇影簇红轿，画鹢如飞注锦标。"闽清刘训常《端午竹枝词十二首》云："隔堤粉黛笑声喧，高浆（桨）如飞鹢首奔。谁得锦标看不见，急随火（伙）伴过江村。"均可为佐证。

后来，"锦标"成为台江义洲白马河畔的一个地名，因当地人擅长划龙舟，经常夺得锦标而得名。如今义洲还有一支龙舟队叫"夺锦标"，坊间有句顺口溜：年年争上进，岁岁夺锦标。

因龙舟而得名的地方，还有王庄。王庄原名"凤庄"，相传某年的端午节，凤庄的龙舟撞翻了其他村庄的龙舟，对方因面子丢尽要与凤庄人械斗。凤庄人丁单薄，难以对抗，权宜之下只好将龙船锯掉，把村名改为"凰庄"。由于"凤"与"凰"的繁体字相似，为了保留"凤凰"的吉祥意思，又改"凰"为"王"，由此易名"王庄"。

综上可见，福州龙舟习俗气氛热烈，充满旺盛的生命力。"儿童今日尽欢呼，正午符悬五彩图。争往西湖看竞渡，哥哥弟弟欲盈途。"有龙舟竞渡的日子，乡野城郭万人空巷，岸边水上激情同欢，对酒当歌，纵情日夜，堪称中国人的狂欢节。不妨引述闽南民俗文化爱好者陈花现（亦为本书插画作者）对民间信仰活动的看法，作为本章的结语："福建地区民间宗教的核心依旧还是巫，且民间信仰更像是一个横向而有弹性的信仰行为，因为它的内核还是实实在在的生活与欲望，似乎并不需要那么多形而上的思维，反而更多的是形而下的狂欢与嘉年华。"

龙 舟 故 事 连 环 画

信

龙舟与宗族社会

龙舟与男丁追崇

龙舟与神灵信仰

俗

龙舟众多仪式通常都与境庙有关。

本章中，我们将对龙舟的社会学意义进行粗浅论述。本书在采访时，有意识地以"境社"作为龙舟谱系分类的主要依据，这是因为，龙舟的地域划分与行政区划并不重叠，有时一个行政村会有不同的龙舟和信俗，有时几个行政村会因共同信仰某一神灵而衍生出相同的龙舟仪轨。更为重要的是，"境社"这个概念代表的是传统的宗族社会，即以家庙宗祠和地方性神庙为轴心的信仰体系。宗祠代表的是祖先崇拜，神庙代表的是神灵崇拜，它们整合形成了完整的福州民间信仰体系架构。

　　福州龙舟的名字，大部分体现的也是"境社"，即本境的地方性神庙或神灵的名字，比如"瀛洲泰山宫""翁八帮吴颜（庙）""妙峰（山）青白蛇"等。人们称呼它们时，往往简化为以神庙或神灵相称，比如"泰山宫""吴颜（庙）""青白蛇"等。若神庙相同时，则回到以"境社"区分，比如同为吴颜庙，则有"中选吴颜（庙）""翁八帮吴颜（庙）""八间排吴颜（庙）"等。

若"境社"亦相同，那就需要依据宗族内部的谱系中再做细分。比如南屿江口村为镜江境，大姓为宋，称"镜江宋"，镜江宋又分五房，即浦头房、南园房、新厝里、柯庄房、石埕房，因此，江口龙舟的名字，是在境社后再加宗祠元素，比如"镜江南园房"指的是南屿江口村镜江宋氏的某一房的龙舟。人们在观看江上龙舟竞渡时，会直呼其为"南园房"的龙舟。

由此可见，在"境社"概念统领下的神庙、神灵、宗祠、姓氏等一系列符号叠加，才能完整地为每一条福州龙舟的血脉做清晰而准确的标注。在村落发展的历史进程中，其实一直到民国，"境社"概念所代表的宗族社会都作为整合主轴，将血缘、宗教、民间信仰统摄其中，而有关龙舟的一系列传统仪式也同样在这一场域中得以展现。

这种展现在每年端午节的龙舟竞渡中达至顶点。在这个时间阈值中，划龙舟被赋予更多意义，既有信仰层面的，以划龙舟来致敬神明和祈福；也有世俗层面的，即宗族实力的自我展示，以此表明该村社或宗族在这一水域存在的价值和意义。从信仰层面，每条龙舟都代表着各自的境社，代表着这个境社的神明；在世俗层面，这条龙舟更代表着自己的宗族。因此，许多龙舟是和姓氏联系在一起的，比如鼓山远洋村的龙舟，分为不同的社、不同的姓，东社是姓孙的、西社是姓林的、北社是姓许的。在每年的龙舟竞渡中，他们的胜负更多的是和各自的宗族和姓氏紧密联结在一起的。

由此可知，龙舟竞渡在中国上千年宗族社会的演进中，实际上成了地方社会领域内宗族性村庄争夺资源的一种显性表现方式。南方地区普遍村落密集，人口稠密，资源紧张，无论是水利灌溉、田地种植还是渔业资源的分配等诸多方面，各村社在地域范围和利益划分上都存在矛盾。相邻各村社相互牵制，任何可能衍生出胜负的领域，都成为角力场，而龙舟竞渡正是最佳时机。因而龙舟竞渡不仅有信俗方面的需求，更有宗族社会深刻的社会属性。

正因为这种社会属性，所以龙舟竞渡成为宗族性村庄在整个地域社会里地位与权力的某种展示。每一个村社都不愿看到自己的龙舟在竞渡中被其他村社击败。尽管为了遏制过度竞争，龙舟竞渡有些约定俗成的规矩，比如前文提到的江上"斗船"不能赢得过多，赢过三段就要息鼓。这固然有礼仪传承的因素，但实际上也是为了避免激化矛盾。尤其是当互有宿怨的村社的龙舟间产生摩擦时，必然会导致竞渡场外的因素卷入。多次龙舟竞渡中发生的械斗惨案都表明，一旦在竞渡中发生争斗，就必然会把整个村庄卷进去，并且后患无穷。龙舟竞渡中这种强烈的获胜心，实际上是对获得地方性权威的渴望。换言之，由宗族性因素主导的龙舟竞渡，在很大程度上已经成为宗族在地方社会中获得权力的象征。

另一方面，造龙舟有许多仪式和禁忌，在前文中，我们做了详细描述，但还有些禁忌我们尚未论及，比如女性禁忌。在闽侯祥谦镇洋下村建造龙舟的定龙骨仪式中，针对女性，有许多禁令，包括女性不能跨越龙骨，不能用手触摸龙骨等。在有些地方，造龙舟时女性甚至被禁止参观，以防龙舟沾上阴气。这种女性禁忌还延伸到水域中，如端午龙舟竞渡时，女性不能抬龙舟，不能上龙舟，不能以手触摸龙头，不能站在龙舟要通过的桥上等。而这些禁忌，正是"男丁追崇"的显性表现，即龙舟是宗族社会对男丁生育的一种激励行为。

在血亲宗族社会的区域性资源竞争中，男丁数量代表着宗族的竞争实力，而男丁数量在龙舟竞渡中会有直观的体现。一个拥有数条龙舟的村庄和一个连一条龙舟都凑不齐人手的村庄，在竞争实力上孰强孰弱显而易见。因此，在龙舟禁忌中强化对男性的鼓励和对女性的贬抑，就成为某种必然。

在福州的龙舟习俗中，有许多"男丁追崇"的遗存，比如我们前文描述过螺洲洲尾村的"添桨"习俗，就是一种对男丁生育的鼓励。只有生了男孩的家庭，才有资格做龙舟桨放在宗祠神庙中，而生女孩是没有这种资格的。又比如在闽侯某些村落，端午时会允许当年出生的男孩由母亲抱着去触摸龙舟的龙头。再比如祥谦镇洋下村定龙骨仪式上会用红纸包两根船钉作为回礼，寓意"添丁"，这个"丁"特指男孩，意思是祝愿能生出未来可以划龙舟的男丁。

最后，我们来谈谈福州的龙舟与神灵信仰。福州是典型的南方多神崇拜城市。闽地最早的民间信仰是图腾崇拜、自然崇拜；后来发展为祖先崇拜，如闽越国的开国君王无诸、无诸之子郢、郢之子白马三郎、末代君主余善等在福州均有专庙祭祀；以及人神崇拜，如连江大小亭庙祭祀因海难而亡的黄助兄弟，永泰威显庙祭祀西汉丞相陈平之后裔陈必胜等，他们都因有功德于民而被奉祀。唐末至宋元时期，中国经济重心南移，福建经济突飞猛进，民间信仰迅速发展，掀起了一场声势浩大的造神运动。志书载："闽俗好巫尚鬼，祠庙寄间阊闾山野，在在有之。"福州作为八闽首善，人口汇聚，民间信仰的发展尤为突出，流传至今的各类神灵被相继塑造出来。

　　有从动物变为神灵的，如闽侯洋里的蛇王宫、台江的九使爷庙（蟒仙圣王）、鼓楼的虎婆奶（老虎）、宝溪境的丹霞大圣（红毛猴）；有从自然之物变为神灵的，如连江县灵津神庙供奉的是一块怪石，相传此石会浮在水面上随波逐流，众人异之，以为神仙附体，遂立庙奉祀；有的则是自然现象演变而成的，如风神庙奉祀的风伯。

　　有从道士变为神明被供奉的，如福清昭灵庙的张天师弟子赵升，台江法师亭的陈守元国师，永泰名山室的徐登、赵炳等。有从僧侣变为神明的，如连江的英惠庙，供奉的是萧孔冲，此人不乐仕进，半路出家，据云生前能伏虎豹。有从名医变为神明的，如茶亭"河上救生堂"的董奉。有从王公将相变为神明的，如闽王王审知被奉为神灵，建忠懿王庙奉祀；南唐江王徐知证、饶王徐知谔也被闽侯百姓奉为神灵，立洪恩慈济宫奉祀；同样被奉祀的还有闽侯诸天宫的杨七郎、长乐郭坑灵感庙的郭子仪等。有从平民变为神明的，如昔时闽县烈威庙供奉的是陈姓兄弟，生前"一家以贞义自维"，死后经常显灵，百姓立庙祭祀，宋廷敕封其为侯。

　　由此可见，福州众神中除了虚构神外，有名有姓的历史人物不少。人在世时只要有德于乡，死后就可被神话、可被祭祀。这些被神化的历史人物，通过每年端午的巡江和竞渡，接受百姓供奉与朝拜，其神性不断地被强化。就这样，龙舟竞渡与神诞、游神等仪式一起，勾勒出福州神俗的独特风貌。

福州龙舟尊奉的神灵信仰大致可概括为以下几大类：五灵公（五帝）信仰、猴王信仰、闾山信仰、泰山信仰、尚书信仰、祖先信仰、地头信仰等，基本涵盖了水流佛、奉旨祭祀、显圣、托梦、自发纪念等常见的模式。

福州奉祀五灵公的龙舟境社很多，我们在前文中多有提及。从前福州城内有五灵公庙七座，每座城门一座，城外有复初庵、路通庵、白龙庵、嵩山涧、天仙府、海潮寺等十余座，香火鼎盛。每年的"五月会出巡""纸船明烛照天烧""端午龙舟巡江"等仪式，更让五灵公信仰深入人心。

五灵公信仰的核心是除瘟祛疫保平安，在这个层面上，泰山信仰和闾山信仰大抵与之相近。从前福州城外的农民惧怕疫病，渴求平安，因而形成对泰山神的信仰。闾山派陈靖姑扶危除妖，护佑平安，所以从前靠近水边的庵涧，也常常供奉闾山派的神灵。龙舟作为"划平安"的祈福酬神习俗，与这样的神灵信仰联系在一起也是顺理成章的。

猴王信仰现在拜的是斗战胜佛齐天大圣，前文提到的西湖湖头村红马龙舟、光明港万寿龙舟、水部莲宅龙舟尊奉的都是大圣。猴王信仰的本源有两种说法，其一，其前身是福州的红毛猴精信仰。相传乌石山宿猿洞成精的红毛猴作乱福州城，后被陈靖姑收服，归入闾山三奶派，法名丹霞，即丹霞大圣，协助靖姑济世救民，就此被正式纳入福州的神灵信仰体系。后《西游记》问世，闽地的猴神信仰风俗也受其影响，转向奉祀齐天大圣。齐天大圣，又称斗战胜佛，因其一身降妖除魔的本事，所以更为境社龙舟所尊崇。

其二，据传说北宋开宝年间，福州当地一个放羊娃，日常都在屏山一带放牧，闲暇之时聚众弄泥为乐。放羊娃把泥土捏造成猴子模样，放在岩石上晒干。花果山水帘洞齐天大圣云游经过此地，看见泥猴，就化身一老人到放羊娃面前，说把此泥猴身放于紫竹林假山山洞之中，每天放羊时插竹枝三根代香供之，保你平安无病；倘若有人得病插竹告之，可采集洞前野果食用，病者便自得康复。年长日久，此地香火日盛，大圣也不时托梦启示洞中供奉的泥猴乃保唐僧西行取经的斗战胜佛孙大圣。北宋太平兴国元年（976 年），信徒建殿供奉，名为屏山老佛殿。其后，屏山老佛殿下院十廨院和各分庙的龙舟便都奉祀齐天大圣，比如万寿、竹岐等地的龙舟。

祖先信仰的代表是白马王信仰，福州从前祀白马王的宫观很多，如优山大洋正境、樟溪境、叶洋境、下岐村、川石岛、南峰境、党洋境、长岗境、叶坪境、璋仓境等。尊崇白马王的龙舟也很多，比如西湖官家村白马龙舟、鸭姆洲广应白马龙舟等。白马王因水得祀，在这一点上，尚书信仰与之有相似之处。陈文龙在抗元斗争中壮烈殉国后，民间尊陈文龙为"水部尚书""镇海王"，视为水上航行安全的保护神，受到从事水上运输贸易的商贾和闽江沿岸水上居民的崇拜与祭祀。白马王与尚书公在水上有这等法力，成为龙舟的神灵信仰也就不足为奇了。

福州龙舟信奉得最多的，还是地头神。福建民间信仰众多，"半城烟火半城仙"，人们供奉的神明中，既有我们上面所讲的"知名神仙"，也有更多名不见经传的本土神明，如各路将军、大王等，他们在各自领地内享受供奉。这样的例子不胜枚举，比如闽侯县祥谦镇，每个村都有自己的地头神。辅翼村的地头神为黄通公贞烈圣君，龙舟上就写"贞烈圣"；卜洲村的地头神是开元山马大帝，龙舟上就写"开元山马大帝"；帮洲的地头神是十八位将军，龙舟上就写"彬德桥十八将军"等。地头神通常局限于较小的区域内供奉，谱系复杂，很难归类。

我们可以看到，福州龙舟的神灵信仰种类繁多，而且都处于"活化"状态。各水域内划龙舟的人，都对本境的神灵信仰了如指掌。这种了解在从小到大的日常祭祀和龙舟传统仪式中被不断强化，进而成为地域文化的一部分。学者郑振满、陈春声的研究指出，民间信俗得以传承不替，根源在于它以民众的日常生活为基础，来自家庭与社区内部的"耳濡目染"，而不是依赖于正统的教育机制，因此难以为少数人垄断，不论是反对者还是支持者。

五灵公

水部尚書

白马尊王

丹霞大圣

齐天大圣

东岳大帝

玄天上帝

临水陈太后

虎姑奶

琉球金将軍

后 记

　　我的人生中，有过两次近乎谶语的提点。第一次是1997年，我大学毕业前，一位算命的师父对我说："你不能在长江以北发展，最好去东南方。"不知是不是巧合，那年我只身南下，提着一件小小的行李，入职东南卫视。第二次也是在1997年，我毕业前去见我的导师。我的论文方向是民俗学，导师是钟敬文先生的弟子董晓萍。我的毕业论文，写的是我的姓氏——"巴"姓的源流考证，老师指点颇详，受益良多。我告诉她我要去福建工作，她很欢喜，握着我的手用力摇："很好啊，福建的民俗遗存很多，你去对地方了。"我没跟老师说我是去做媒体的，心里想着，一别两散，以后怕是和民俗学没什么挂碍了。孰料，人生过半，我倒真的重拾起二十几年前的缘分，开始做乡野的民俗调查了。

　　2012年，我出版那本城市游记式的《别处远方》时，开始在福州城里游荡，那些遍布城内的境社、庵涧、神庙、宗祠，好像为我打开了一个新世界。2014年，我出版小说集《一地桃花》的时候，就已经在故事里加入了一些福州神灵信仰的元素。我甚至想在第二年写一本名为《福州奇谭》的书，把福州一些隐秘的信俗引入情感故事中，但在写完《蝴蝶仙》和《剪红绳》两篇后就放弃了。

　　2016年，我开始到西湖划龙舟。原本只是想锻炼身体，但是，当我第一次吃过"龙舟饭"后，就被那些繁盛的民间信仰迷住了。这"半城烟火半城仙"的城市，那成百上千位被供奉的神明，在龙舟的世界里，都栩栩如生地存在着。此后，我最大的爱好就是到处听"龙船癫"们讲古。这时才后悔，来福州二十几年，半句福州话都没学会，才听得如此费力。2019年，我开始在公众号上连载"福州龙舟人文地理"和"福州龙舟口述历史"两个系列，一年时间，竟略有小成。

　　2019年夏天，《HOMELAND家园》杂志的副主编许灵怡要在光明港做一个内河文化馆，展陈与龙舟相关的内容。我大概是她那时唯一认得的划龙舟的人吧，就这样帮了一阵子忙。项目快结束的时候，她对我说："龙舟这么好玩，不如出本书吧。"我心里一阵狂喜，表面上却不显露，淡淡回道："我想想吧。"

　　现在，这本书已经出版了，我忽然又想起了毕业那年导师的话。从前，我一直觉得从北地到福建工作定居，只是人生在那一年一次很偶然的选择，如今看起来，倒好像又有些难以言明的宿命。就像 2016 年林叶带我去划龙舟的那个下午，大雨滂沱，我趴在他工作室的窗前问："今天雨会停吗？""会停的。"他答道，"因为从今天起，你要开始划龙舟了。"雨声有点吵，他的声音从背后闷闷地传来，有点像 1997 年建议我去东南方的那位师父。

图书在版编目（CIP）数据

　　诸神的游戏：中国福州龙舟的传统与禁忌 / 巴晓光
著 . -- 福州：福建人民出版社 , 2021.2（2022.6 重印）
　　ISBN 978-7-211-08457-9

　　Ⅰ.①诸… Ⅱ.①巴… Ⅲ.①龙舟竞赛－文化研究－
福州 Ⅳ .① G852.9

　　中国版本图书馆 CIP 数据核字 (2021) 第 003029 号

诸神的游戏

——中国福州龙舟的传统与禁忌

巴晓光 著

摄　　影	林 岑	
图片提供	陈铤宇　陈 鹤	
插　　画	陈花现　林梦彤	
题　　签	陈宗荣	
出　　品	**HOMELAND**家园	
策　　划	许灵怡	
责任编辑	陶 璐	
设计制作	姜芬凝　林增颖	
美术编辑	白 玫	
出版发行	福建人民出版社	
电　　话	0591-87533169(发行部)	
电子邮箱	fjpph7211@126.com	
邮　　编	350001	
网　　址	http://www.fjpph.com	
地　　址	福州市东水路 76 号	
经　　销	福建新华发行（集团）有限责任公司	
印　　刷	雅昌文化（集团）有限公司	
地　　址	广东省深圳市南山区深云路 19 号	

开　　本	889 毫米 ×1194 毫米　1/32	印　张	10.875	插　页　32
字　　数	161 千字	版　次	2021 年 2 月第 1 版	
书　　号	ISBN 978-7-211-08457-9	印　次	2022 年 6 月第 2 次印刷	
定　　价	158.00 元			

巴晓光

祖籍黑龙江，目前长居福州。北京师范大学中文系毕业，毕业后即加入福建东南卫视。曾创办主持《开心100》《娱乐乐翻天》等节目，后担任 913 福建汽车音乐调频副总监。已出版《别处远方》《一地桃花》。

HOMELAND 福

《HOMELAND 家园》杂志创刊于 2005 年，多年来不仅在"了解生活的城市"，也在"关注脚下的土地"，致力于记录城市与乡土的变迁，挖掘本地有意思的人与物，并以策划展览活动、社区营造等方式参与城市和乡村的发展进程。